Filosofia

Coleção Magistério
Série Formação Geral

COORDENAÇÃO
Selma Garrido Pimenta
José Carlos Libâneo

Dados Internacionais de Catalogação na Publicação (CIP)
(Câmara Brasileira do Livro, SP, Brasil)

Severino, Antônio Joaquim, 1941-
 Filosofia / Antônio Joaquim Severino. – 2. ed. – São Paulo : Cortez, 2007. –
(Coleção Magistério. Série formação geral)

 Bibliografia.
 ISBN 978-85-249-0410-3

 1. Filosofia (2º grau) I. Título. II. Série.

92-1435
CD-107.12

Índices para catálogo sistemático:

 1. Filosofia : Ensino de 2º grau   107.12

Antônio Joaquim Severino

Filosofia

2ª edição

FILOSOFIA
Antônio Joaquim Severino

Capa e projeto gráfico: Carlos Clémen
Montagem: Luís Antônio Pinto Barbosa
Preparação de Originais: Carmen Teresa da Costa
Revisão: Maria de Lourdes de Almeida, Rita de Cássia Lopes
Composição: Dany Editora Ltda.
Coordenação editorial: Danilo A. Q. Morales

Nenhuma parte desta obra pode ser reproduzida ou duplicada sem autorização expressa
do autor e do editor.

© 1992 by Antônio Joaquim Severino

Direitos para esta edição
CORTEZ EDITORA
Rua Monte Alegre, 1074 – Perdizes
05014-001 – São Paulo – SP
Tel.: (11) 3864-0111   Fax: (11) 3864-4290
E-mail: cortez@cortezeditora.com.br
www.cortezeditora.com.br

Impresso no Brasil – outubro de 2007

Sumário

Apresentação da Coleção   9
Introdução   11

Parte I   A Gênese Antropológica e Formação Histórica da Cultura Ocidental

Capítulo 1   A consciência como estratégia da vida   19
Capítulo 2   E a consciência se expande   33
Capítulo 3   A cultura ocidental é fruto da união das culturas de três pequenos/grandes povos   43
Capítulo 4   A expressão cultural da filosofia no Ocidente   55
Capítulo 5   A filosofia e seus modos de pensar   67
Capítulo 6   As pretensões do conhecimento metafísico e a imagem essencialista do homem   77
Capítulo 7   A revolução epistemológica e o projeto iluminista da modernidade   99
Capítulo 8   A ciência como conhecimento lógico-experimental do mundo e a visão naturalista do homem   119
Capítulo 9   A filosofia dialética: retomada, negação e superação da metafísica e da ciência   133

Parte II   As Formas de Expressão da Cultura Contemporânea Enquanto Mediações Objetivas da Existência Humana

Capítulo 10   O homem, a natureza e o trabalho: a ordem econômica da sociedade   149
Capítulo 11   O homem na ordem política da sociedade: poder e dominação   163

Capítulo 12 A atividade simbolizadora do Homem: produção e
organização da cultura   175

Capítulo 13 O agir pessoal e a prática social: a ética e a política   191

Capítulo 14 As preocupações temáticas das tendências atuais da
filosofia   201

Bibliografia   208

Com carinho, agradecimentos e admiração, quero dedicar este livro — testemunho de meu compromisso com a educação da juventude — aos jovens Estêvão, Orestes e Guilherme, meus filhos, para registrar a importância que representaram para mim sua solidária presença e generosa amizade, em todos os momentos de nossa convivência, esperando ainda que também possam encontrar neste modesto legado de seu pai alguns subsídios para a compreensão do sentido de suas próprias existências...

Apresentação
da Coleção

A Coleção **Magistério** compõe-se de 25 livros didáticos para o curso médio abrangendo as disciplinas do Núcleo Comum e da Habilitação Magistério (antigo curso normal). Está organizada em duas séries: a série *Formação Geral* com 12 livros, sendo um para cada disciplina do Núcleo Comum do ensino médio, e a série *Formação do Professor* com 12 livros, sendo um para cada disciplina da formação profissional para o magistério no ensino fundamental. Completa a Coleção o livro *Revendo o Ensino de 2º Grau — Propondo a Formação de Professores*, que oferece às Secretarias de Educação, aos diretores de escola, às equipes pedagógicas e aos professores, diretrizes e orientações sobre a organização pedagógica, didática e administrativa do curso médio e da Habilitação Magistério.

O principal objetivo desta Coleção é contribuir para a melhoria da qualidade do ensino ministrado na escola média, tanto através da formação do professor que exerce suas atividades nesse nível de ensino, quanto daquele que atuará nas séries iniciais do ensino fundamental, mediante livros didáticos com conteúdos pautados pelo seu caráter científico e sistemático, em estreita ligação com exigências metodológicas do ensino e aprendizagem.

As duas séries que compõem a Coleção formam um conjunto orgânico de modo a: assegurar um sólido domínio dos conteúdos como base para a formação científica e profissional e para a consciência crítica das tarefas sócio-políticas e pedagógicas do ensino; articular objetivos/conteúdos/métodos das disciplinas do Núcleo Comum e das disciplinas de formação profissional, especialmente as metodologias específicas de ensino das disciplinas do currículo do ensino fundamental; favorecer o trabalho conjunto dos professores na escola de modo a assegurar, dentro de um projeto pedagógico unitário, a interdisciplinariedade e as peculiaridades de cada disciplina; propiciar às Secretarias de Educação dos Estados possibilidade de formulação de uma política unitária de formação científica e profissional dos seus professores. Cumpre esclarecer que os livros-texto da série *Formação Geral* atendem, também, a exigências pedagógico-didáticas específicas dos demais cursos de nível médio.

Cada um dos livros oferece a professores e alunos, além dos textos referentes às unidades do programa, um estudo sobre os objetivos da disciplina, uma proposta de conteúdos básicos e indicações metodológicas para o trabalho conjunto do professor e dos alunos, formas de articulação com as outras disciplinas e uma bibliografia complementar para aprofundamento de estudos.

As unidades de estudo foram elaboradas de modo a abordar os temas em profundidade, assegurando o máximo de informações, conceitos e idéias, permitindo ao professor uma re-seleção de conteúdos, conforme exigências de cada escola e características sócio-culturais e individuais dos alunos. Essa forma de organização dos livros-texto possibilita sua utilização também nos cursos de pedagogia, licenciaturas e cursos de aperfeiçoamento de professores em exercício.

Ao lançarmos esta Coleção, nossa preocupação esteve sempre voltada para a escola de ensino fundamental, especialmente para as séries iniciais, entendendo que a melhoria da competência profissional dos professores é uma das formas de efetivação do nosso compromisso político-social na escolarização das crianças brasileiras.

Sabemos que as múltiplas dificuldades que incidem nas atividades do magistério — por exemplo, os baixos salários, as más condições de trabalho e as deficiências da formação profissional — advêm fundamentalmente de condicionantes estruturais da sociedade e do sistema de ensino. É inquestionável que as transformações no ensino são inseparáveis das transformações sociais mais amplas. Todavia, acreditamos que a formação teórica e prática do professorado, aliada a uma consciência política das tarefas sociais que deve cumprir, pode contribuir para a elevação da qualidade do ensino e da formação cultural dos alunos, condição coadjuvante para a efetivação de lutas na direção da democracia política e social.

A publicação da Coleção **Magistério** é resultado do "Projeto Diretrizes Gerais para o ensino médio: Núcleo Comum e Habilitação Magistério" proposto e desenvolvido, entre os anos de 1985-88, pela COEM — Coordenadoria para Articulação com Estados e Municípios da SESG—— Secretaria do Ensino Médio do Ministério da Educação, com o apoio administrativo da Pontifícia Universidade Católica de São Paulo. O Projeto envolvendo o trabalho de 28 professores especialistas nas disciplinas do Núcleo Comum e da Habilitação Magistério foi, então, coordenado pelos professores Selma Garrido Pimenta e Carlos Luiz Gonçalves. Elaborados nos anos de 1987-88, os livros que compõem esta Coleção vêm a público graças ao interesse da Cortez Editora, ao apoio institucional do MEC/SESG/COEM e do CRUB — Conselho de Reitores das Universidades Brasileiras.

A realização de um trabalho desta envergadura não teria sido possível sem o esforço coletivo e conjugado de muitas pessoas e instituições: os autores, os coordenadores do Projeto, o pessoal de apoio administrativo, a equipe de revisão e compatibilização dos textos. Queremos destacar a colaboração da equipe técnica da COEM — Coordenadoria para Articulação com Estados e Municípios, especialmente dos professores Célio da Cunha, Nabiha Gebrim de Souza, Heliane Morais Nascimento, Margarida Jardim Cavalcante, Solange Maria de Fátima G. P. Castro, Violeta Moreira de Souza e Nilton Ismael Rosa, que não mediram esforços para que o projeto pudesse sobreviver aos tropeços administrativos e institucionais.

Cabe ressaltar, por fim, que os livros desta Coleção expressam posicionamentos teóricos de cada autor e não necessariamente os das instituições que viabilizaram, de um modo ou de outro, sua publicação.

Selma Garrido Pimenta

José Carlos Libâneo

Coordenadores

Introdução

O objetivo deste livro é propor aos estudantes do ensino médio uma experiência de iniciação à filosofia que possa acompanhar e complementar a iniciação que estão tendo simultaneamente aos conhecimentos técnicos e científicos da nossa cultura. A filosofia não substitui a ciência e as outras formas de expressão cultural. Ao contrário, como se procurará mostrar ao longo da leitura e do estudo deste livro, a filosofia e as outras formas de cultura e de sensibilidade têm uma íntima relação entre si, elas se interligam, precisam umas das outras, completam-se e complementam-se.

Os alunos que cursam o ensino médio já se encontram preparados para envolver-se também com a filosofia, uma vez que estão se iniciando nas ciências, técnicas e artes tal como elas se apresentam na escola desse nível. A filosofia é uma forma de pensar que nos possibilita compreender melhor quem somos, em que mundo vivemos: em suma, ajuda-nos a entender melhor o próprio sentido de nossa existência. É claro que também as ciências e as outras formas de conhecimento e de expressão cultural nos ajudam a compreender o nosso modo de existir. Mas veremos que a filosofia tem um jeito particular e insubstituível de nos trazer essa compreensão. E por isso, sem ela, nossa visão, nossa percepção da existência dos homens, ficaria truncada.

Mas, para que possamos alcançar esse sentido, é preciso compreender, de maneira significativa, a nossa realidade atual, o mundo de nossa contemporaneidade, pois é nele que se desdobra a nossa existência. Por outro lado, isso não nos será possível sem acompanharmos a sua gênese e a sua evolução histórica. Assim, para apreendermos o sentido de nosso mundo de hoje, precisamos retomar e acompanhar o desdobramento da cultura humana no tempo histórico. É isto que vai fazer a filosofia, como teremos a oportunidade de constatar.

Mas a filosofia não vai expor a história da civilização e da cultura — como o fazem outras disciplinas de seu curso —, nem mesmo realizar uma exposição histórica das idéias filosóficas. Ela vai, sim, referir-se às grandes articulações da cultura humana sob a perspectiva da historicidade. Isso quer dizer que estaremos sendo convidados a pensar o nosso mundo de hoje pensando a própria construção desse mundo pela humanidade. É que o mundo, tal qual o conhecemos e vivenciamos hoje, é o fruto de um esforço solidário e concorrente das sociedades que vêm formando a humanidade a cada época da história.

Feita essa retomada da formação histórica de nossa cultura ocidental e da compreensão que dela teve a filosofia, podemos, num segundo momento, buscar entender essa cultura na atualidade. Explicitaremos então juntos como a filosofia interpela e percebe a realidade cultural de hoje, como podemos compreender o nosso mundo atual. Pois só após conhecê-lo bem a fundo é que podemos desvendar e entender também o sentido de nossa existência.

É assim, portanto, que este texto se desdobra em duas grandes partes: nas nove primeiras unidades, estaremos buscando a compreensão da cultura humana mediante a retomada de sua gênese histórico-antropológica; nas seis seguintes, trabalharemos na procura do entendimento dessa cultura, refletindo diretamente sobre suas condições contemporâneas, destacando os temas relevantes para a sua compreensão mais profunda.

Só que, para podermos explicitar e apreender esses significados, precisamos de *conceitos* apropriados que, por sua vez, só são acessíveis pela mediação da *linguagem*! Porque os homens só conhecem assim, tal é o seu modo de conhecer, de entender as coisas. Por isso, o processo de filosofar é um trabalhar necessariamente com conceitos e com uma linguagem, que situados num plano específico, distinto daquele das ciências e das outras formas de conhecimento. Sem dúvida, isso pode fazer da linguagem filosófica uma linguagem mais difícil: não que ela seja propriamente mais difícil, na verdade ela é *diferente* daquelas com as quais estamos mais acostumados. Trata-se de uma linguagem mais abstrata, mas nem por isso deixará de nos traduzir a realidade concreta, onde se dá nossa experiência. Neste texto, os conceitos estarão sendo trabalhados de tal forma que os iremos construindo aos poucos e deles nos apropriando progressivamente, fazendo deles, apesar de sua tecnicidade e de seu caráter abstrato, instrumentos mediadores do nosso conhecimento da realidade.

O texto que ora submeto a professores e alunos do ensino médio consubstancia uma tentativa de iniciação dos jovens à filosofia, propiciando-lhes uma prática de reflexão que, acredito, já seja filosófica. Trata-se de levá-los a pensar sobre o significado da existência humana a partir de suas manifestações histórico-culturais. Mas este exercício de reflexão segue uma órbita circular que, por assim dizer, não tem um ponto certo para começar nem um ponto definitivo de chegada, o círculo não se fechando nunca: o pensamento reflexivo vai se desenvolvendo e crescendo numa espécie de movimento espiral ascendente. Por isso mesmo, não cabe esperar que os passos dados em cada capítulo se esgotem em si mesmos: ao contrário, eles, até certo ponto, se pressupõem mutuamente. Assim, será normal se os alunos não apreenderem exaustivamente cada um deles, de uma única vez, nada impedindo que se vá adiante, que se volte depois, que se retomem passagens e idéias já abordadas antes. O próprio texto só se completa na sua totalidade, e está sempre se referindo a pontos já tratados em passagens anteriores.

Dada essa natureza complexa, já de início, do texto filosófico — sendo necessário usar conceitos cujo conteúdo substancial o aluno ainda não domina plenamente —, impõe-se que, após uma primeira leitura corrente do texto do capítulo, o aluno atente para a explicitação do significado dos conceitos fundamentais que vêm em seguida, procedendo, logo após, a uma segunda leitura. Ademais, será imprescindível a atuação do professor, mediante exposições reelaboradas dos conteúdos dos capítulos, além de esclarecimentos e complementações. Com efeito, a proposta pedagógica subjacente a este livro-texto implica a atuação convergente de três posturas dos participantes: a leitura do texto pelos alunos, a exposição temática pelo professor, e a discussão conjunta das questões suscitadas. Ou seja: a leitura prévia do texto pelos alunos, envolvendo um esforço de compreensão de seu conteúdo e de reflexão sobre o seu sentido; a exposição didática e esclarecedora por parte do professor, fornecendo elementos para o entendimento pelos alunos da problemática em questão; a discussão conjunta de professores e alunos buscando uma experiência mais consistente e abrangente de reflexão critica sobre a temática do texto.

Para subsidiar o trabalho do professor e dos alunos, cada capítulo deste livro conterá mais alguns elementos:

• *conceitos específicos* mais significativos que foram trabalhados no texto do capítulo terão um destaque sob a forma de um pequeno glossário, com o intuito de ajudar o aluno a dominar e se familiarizar com o vocabulário técnico da filosofia;

• *questões* serão formuladas com vistas à problematização, à reflexão e à discussão dos temas centrais tratados no capítulo, viabilizando-se assim uma revisão da leitura e do estudo feitos pelo aluno;

• serão igualmente oferecidas *orientações* e *indicações* de trabalhos, de pesquisas e de estudo, objetivando complementar a abordagem do livro;

• pequenos *trechos de obras* de filósofos representativos ocuparão lugar de destaque em alguns capítulos, visando ensejar um contato do aluno com textos clássicos da filosofia que abordam a temática estudada;

• eventualmente serão apresentadas algumas *referências bibliográficas* e *sugestões de leituras complementares*, a fim de um maior aprofundamento da temática do capítulo.

Com relação às questões para discussão, procurei formulá-las de forma que não sejam respondidas de modo lacônico, como mera retomada mecânica do texto. A idéia é a de ensejar algum trabalho de discussão, de reflexão e de reelaboração. Colocadas as coisas desse modo, as questões poderão servir inclusive para o trabalho em grupos, no âmbito da própria aula, grupos pequenos fazendo curtas elaborações por escrito para exposição em painel e para discussão conjunta.

Por outro lado, o motivo da presença dos textos de filósofos consagrados é tão-somente o de colocar, desde cedo, o aluno do ensino médio em contato com pensadores clássicos, sobretudo para que possa ter uma noção das preocupações que povoavam o mundo desses filósofos e como eles a expressavam em seus escritos. A escolha do texto e do autor não significa que estes são colocados como apoio das idéias defendidas por mim no capítulo. Embora toda escolha expresse um posicionamento, busquei, neste caso, apenas mostrar como a temática abordada já fora problematizada por filósofos importantes, sem desconhecer que muitos outros poderiam ser citados e indicados. Portanto, não precisa ocorrer necessariamente concordância entre os textos do livro e aqueles dos filósofos citados, assim como não há também, obviamente, homogeneidade de orientação teórica entre eles.

Algumas sugestões de ordem metodológica

O estudo e o aprendizado da filosofia envolvem basicamente atividades de leitura, de reflexão, de discussão e de reelaboração. Essas atividades pressupõem algumas práticas e técnicas de trabalho intelectual, de natureza didático-científica, e que seria oportuno iniciar o aluno para que, além de maior agilidade e prazer, possa ter melhor desempenho e aproveitamento no seu estudo.

Com relação aos pequenos trechos que estou propondo para leitura complementar, o seu aproveitamento implica e exige o cumprimento de alguns procedimentos e a superação de algumas etapas: assim, o levantamento de informações sobre o autor, sobre o contexto histórico-cultural de sua atuação, a explicitação do significado dos termos e conceitos fundamentais ou desconhecidos; o levantamento de esclarecimentos sobre fatos, autores e doutrinas a que o texto se refere; a explicitação do tema, do problema e da idéia principal do texto, bem como do raciocínio que o autor desenvolve para demonstrá-la; a esquematização da redação do texto.

Quanto à forma de trabalhar esses textos transcritos no livro, poderse-ia proceder da seguinte maneira: iniciar com uma leitura corrente para se ter uma visão de conjunto da unidade e para se destacar os conceitos e idéias mais relevantes; em seguida, levantar mais informações sobre o autor do texto e sobre o contexto cultural de sua atuação e de seu pensamento; posteriormente, recorrendo-se às obras de referência, explicitar o significado dos conceitos fundamentais do texto e dos termos eventualmente desconhecidos; na etapa seguinte, levantar esclarecimentos sobre os autores citados, sobre fatos e doutrinas a que são feitas referências; o próximo passo comportaria uma nova leitura agora para explicitar o tema, o problema e a idéia central do texto, ou seja, o núcleo da mensagem do mesmo; isso seguido da retomada do raciocínio desenvolvido pelo autor, mostrando-se sua argumentação. Por fim, levantar-se-iam para debate as questões explícitas ou implícitas no texto, tanto relativas ao seu entendimento como a sua crítica, correlacionando-as ainda com a problemática da atualidade naquele campo.

Referências bibliográficas

Para outras diretrizes referentes à preparação e participação das aulas, a leitura de textos teóricos, à tomada de apontamentos, à realização de seminários e trabalhos em grupo, à redação de textos e à iniciação à prática da pesquisa, professores e alunos podem recorrer ao meu livro *Métodos de estudo para o 2º grau* (São Paulo, Cortez Editora, 4. ed., 1991).

Para a explicitação do significado dos termos e conceitos filosóficos, contamos com instrumentos especializados: os dicionários de Filosofia. Em nosso contexto, destaca-se o *Dicionário básico de Filosofia*, de autoria de Hilton Japiassu e Danilo Marcondes (Rio de Janeiro, Jorge Zahar, 1990). Alem desse, são acessíveis os seguintes: *Pequeno vocabulário da língua filosófica*, de Cuvillier (São Paulo, Nacional, 1969); *Vocabulário da Filosofia*, de Jolivet (Rio de Janeiro, Agir, 1975); *Dicionário de Filosofia*, de Jose Ferrater Mora (Lisboa, Dom Quixote, 1977).

Parte I

A Gênese Antropológica e Formação Histórica da Cultura Ocidental

Nesta primeira parte do texto, que engloba os nove primeiros capítulos, estar-se-á buscando acompanhar os passos dados historicamente pela cultura ocidental, da forma como eles foram compreendidos e explicitados pela filosofia em seu desenvolvimento histórico. Mas essa retomada histórica pressupõe algumas referências à gênese antropológica da consciência humana, condição de possibilidade da própria experiência filosófica e da cultura.

Capítulo 1

A consciência como estratégia da vida

Neste capítulo, poderemos notar que a filosofia é geralmente definida como o esforço que o homem faz para perceber a realidade, no caso, buscando uma compreensão mais aprofundada. Ela é tida como uma forma de conhecimento ao lado de outras formas de conhecimento — como o senso comum, o mito, a religião, a arte, a ciência, que também são outros tantos esforços do homem para compreender essa mesma realidade.

A consciência subjetiva surge no bojo do próprio processo vital...

Sem entrar na especificidade de cada uma dessas formas, o que se pode afirmar com segurança, com base nos estudos antropológicos, é que os homens têm uma tendência "espontânea" a "descobrir" o que é o mundo que os circunda, a conhecer, a compreender esse mundo e a si mesmos nesse mundo, a natureza e a sociedade.

Portanto, para os homens, conhecer é um impulso como que natural e instintivo no sentido em que ele brota espontaneamente, confundindo-se, na sua origem, com o próprio impulso da vida. *A consciência emerge e se desenvolve como estratégia da vida, integrando o equipamento de ação do homem com vistas a sua sobrevivência.* O pensar surge, assim, concomitante ao agir, com ele se confundindo. O pensamento não é anterior à ação, pois surge no próprio fluxo do agir.

Não é, pois, necessário "justificar" o conhecimento, uma vez que isto coincidiria com a justificação do próprio homem. Mas o homem é, numa abordagem inicial, um puro fato empírico e histórico e é justamente dessa condição que se impõe partir se quisermos realizar uma empreitada explicativa de sua existência, num plano racional.

Ora, o que as ciências antropológicas nos revelam? Que o primeiro dado humano perceptível é a existência de seres humanos vivos, corpos orgânicos, fisicamente constituídos, inseridos num ambiente natural, com uma necessidade intrínseca fundamental, primordial: a de manter essa existência material, necessidade que compartilham originariamente com todos os demais seres vivos. Todo ser vivo tende a se manter vivo, a se conservar, já que a primeira finalidade da vida é exatamente esta: viver. Mas também se perceberá que nesse esforço de manutenção da própria vida, os homens revelam uma diferença significativa: eles, ao contrário dos demais seres vivos, *passam a produzir os meios de sua própria existência...* Viver, para os homens, identifica-se com conservar sua existência material individual, produzindo-a ao produzir os meios de sua conservação e ao garantir a sua reprodução enquanto espécie. A diferenciação do mundo propriamente humano em relação ao mundo puramente animal se caracteriza inicialmente por essa capacidade que os humanos têm de *prover os meios de sua existência,* relacionando-se então diferenciadamente com a natureza. Os homens desencadeiam uma forma diversa de agir para sobreviver, criando ou recriando novos meios de existência, pela reorganização ou modificação dos recursos naturais disponíveis. Essa capacidade é o dado novo, essa disponibilidade de um equipamento que lhes permite modificar, de acordo com uma intenção subjetivada, a ordem instrumental mecânica do mundo natural.

Assim, a consciência humana se inaugura como *impulso vital* originário, como uma espécie diferenciada de instinto, sem a rigidez de um puro mecanismo. E, nesse nível, a consciência faz corpo com o agir dos homens que assumem então um papel de sujeitos dessa ação, subjetividade até então puramente vivenciada, que não se dava ainda conta de si mesma.

A ação do homem sobre a natureza: o trabalho

Essa ação humana sobre a natureza, impregnada pela intenção subjetivada, é a primeira forma de práxis dos homens e se configura originariamente como *trabalho*, ou seja, ação transformadora sobre a natureza para arrancar dela os meios da sobrevivência. Trata-se, portanto, de uma *prática produtiva,* pois é ela que, num processo de continuidade aperfeiçoada da ação instintiva, passa a garantir aos homens o alimento e demais elementos de que precisam para sua existência.

É esse pensamento imanente à vida, enquanto consciência originária e originante, que não cabe justificar, já que ele é a base de toda forma ulterior de consciência. Essa consciência é originária e originante; basta-se a si mesma e não dispõe de recursos para dar conta de si mesma, limitando-se a expressar-se como *vivência subjetivada primordial*. É, pois, o próprio lastro do conhecer humano e traz implícita em si um esboço de compreensão do mundo, dos vários aspectos da realidade.

Mas sobre essa base de compreensão mais vivenciada do que pensada, surgirão formas mais diferenciadas de tentativas de elaboração dessa compreensão do mundo pelos homens. Expande-se a partir dela uma força explicativa que busca desenvolver-se autonomamente, por assim dizer, desimpregnando-se do processo vital e da prática de transformação da natureza que lhe correspondia. Como ocorre esse processo? Como se configura enquanto produto da atividade global do homem? Esta expansão da consciência, veremos no próximo capítulo. Voltemos agora às condições originárias da existência dos homens.

A origem do existir em sociedade

É interessante observar que ao atuar através de sua atividade produtiva sobre a natureza, pelo trabalho, cuidando de prover sua existência mediante a apropriação e incorporação dos recursos naturais transformados, os homens não estabelecem apenas relações individuais com a natureza: ao mesmo tempo que vão estabelecendo essas relações técnicas de produção, vão instaurando outras tantas relações interindividuais, eles criam a *estrutura social*. Só que essas relações sociais encontram-se numa determinada correspondência com as relações que uniam os homens à natureza.

É possível identificar então que a estrutura social se constitui fundamentalmente de *relações de poder,* a sociedade se instaurando como uma estrutura hierárquica, sendo o poder social exercido por uns sobre outros, de modo diretamente proporcional à apropriação pelos indivíduos ou grupos dos meios de produção e, conseqüentemente, de sobrevivência. O poder social que assim se torna *poder político* encontra sua base de fato no *poder econômico*, ou seja, no domínio dos meios de se prover a própria existência material.

Mas esse processo não se esgota aí: além de instaurar a estrutura social, os homens, dando curso à expansão de sua subjetividade vivenciada, elaboram *representações mentais,* agora num novo patamar de sua consciência, não só dessas relações mas de todos os elementos nelas envolvidos. Expande-se e cresce o potencial da consciência que vai se desenvolvendo e ampliando seu alcance e sua pretensão de autonomia, buscando cada vez mais não apenas otimizar as respostas às exigências imediatas da ação mas também propiciar uma "explicação" de todos os elementos em questão. Volta-se assim à evolução que vai ocorrendo com o processo originário do conhecer, impulso vital, integrado ao equipamento disponível para o homem cuidar de sua sobrevivência, que vai se desenvolvendo, se autonomizando em relação a essa condição original. É o desenvolvimento de uma força explicativa, capaz de estabelecer nexos entre os objetos e situações de sua realidade e que tem para a consciência subjetiva uma força "compreensiva" gerando-lhe o sentido.

Assim, o conhecimento, em linhas gerais, é o esforço do "espírito" humano para compreender a realidade, dando-lhe um sentido, uma significação, mediante o estabelecimento de nexos aptos a satisfazerem as exigências intrínsecas de sua subjetividade. Mas são várias as formas de conhecimento, culturalmente já caracterizadas, em função das peculiaridades de seu processo de elaboração: assim, o senso comum, o mito, a religião, a arte, a ciência são, de suas perspectivas específicas, esforços de compreensão dos vários aspectos do real.

Mas qual é a utilidade da filosofia?

A filosofia também se constitui como uma forma peculiar desse esforço do espírito humano na busca da compreensão, do sentido das coisas. No entanto, ela é uma forma de conhecimento que, à primeira vista, pelo menos, apresenta maior dificuldade de ser justificada quando se analisa o conhecimento humano à luz das premissas acima colocadas. Com efeito, seria ela uma forma necessária de conhecimento, impregnada da mesma imperiosidade do conhecimento originário praticado pelo homem? Até que ponto o desenvolvimento do equipamento cognoscitivo do homem deveria chegar a essa forma específica de conhecimento que culturalmente se chamou de filosofia? Não seria essa uma forma de puro devaneio e, conseqüentemente, um desvario do espírito humano, de repente incapaz de controlar a expansão de sua subjetividade vivenciada, originariamente vinculada às exigências vitais de seu organismo? Não há dúvida de que com relação às demais formas de expressão de sua subjetividade é possível encontrar justificativas mais próximas e adequadas a essa finalidade pragmática da consciência humana. Com efeito, o senso comum é forma de consciência cuja continuidade com as estratégias do instinto na sua busca de recursos é clara e patente, dando bem conta de sua natureza pragmática.

Dizemos que uma atividade é pragmática quando ela é útil, tem um efeito prático, concreto, aplicável à ação, ao contrário de uma atividade puramente especulativa, abstrata, sem eficácia no concreto.

Esse caráter pragmático também se encontra no máximo de evidência no caso do conhecimento científico moderno, uma vez que a ciência é a própria matriz da técnica e, conseqüentemente, da indústria. A ciência se caracteriza particularmente por essa sua eficácia na manipulação e no domínio da natureza. É a forma mais sofisticada e elaborada de viabilização da atividade transformadora da natureza pelo homem e, por isso, o próprio clímax do cumprimento da função básica da subjetividade humana enquanto equipamento para a sobrevivência.

Justificativas igualmente plausíveis podem ser dadas com relação à arte, forma de expressão simbólica do sentido das coisas, vinculada, sem dúvida, à dinâmica lúdica da vida.

Também as expressões religiosas, no que têm de especificamente religioso, encontram fundamentos nas exigências do existir social dos homens e se inserem no universo psíquico dessa existência coletiva.

Portanto, em todas essas formas, as explicações elaboradas, os sentidos constituídos, a compreensão propiciada estão de algum modo ligados diretamente à subjetividade vivenciada pelos homens, sendo-lhes diretamente úteis para a condução de algum aspecto concreto e imediato de sua vida.

Parece não ocorrer o mesmo com a filosofia. É difícil entender o seu relacionamento direto com as exigências do sobreviver e com as necessidades imediatas dos homens. E a ausência desse caráter pragmático, utilitário, da filosofia tem sido motivo de inúmeras críticas, severas e rigorosas, a essa forma de pensar e de conhecer, acusada então de se transformar num refinamento desvairado do procedimento intelectual. Há dificuldade de se perceber a necessidade, a finalidade e a utilidade do conhecimento filosófico, aspectos estes que parecem se identificar com seu próprio processo.

Não há dúvida de que a atividade da consciência desenvolvida na expressão do conhecimento filosófico representa mesmo o máximo de autonomização da subjetividade, desimpregnando-se do próprio impulso vital. Obviamente, isso não quer dizer que o filosofar nada tivesse a ver com a vida, uma vez que não deixa de ser uma atividade humana. O que se está querendo dizer tão-somente é que o filosofar coloca a consciência, a subjetividade humana no ponto máximo de seu patamar de reflexão. É a capacidade da consciência não apenas de se exercer como vivência subjetiva mas ainda de se ver enquanto tal. Num certo sentido, essa atividade reflexiva implica um distanciamento sistemático do vivido e, por isso mesmo, corre riscos de cair em múltiplas formas de *alienação*, faltando-lhe justamente o controle dado pelas *referências da pragmaticidade.*

Pode-se afirmar então que todas as formas de conhecimento buscam um sentido, visam compreender a realidade em seus vários aspectos e em suas relações com os homens. Mas as formas de conhecimento não especificamente filosóficas buscam um sentido voltado para uma finalidade que está sempre além desse sentido que se busca. O conhecimento por elas obtido é útil, serve para alguma coisa concreta... O sentido eventualmente encontrado é sempre uma mediação, um meio para outro fim, que está fora dele, ligado ao processo vital da humanidade. Já no caso da filosofia, ocorre a busca de um sentido que, por assim dizer, termina em si mesmo, busca-se compreender apenas por compreender, não há outra finalidade externa a essa compreensão. É como se essa compreensão, embora não acrescentasse nada à capacidade do homem de dominar o mundo, lhe trouxesse alguma auto-satisfação. O homem se realizaria tanto mais quanto maior fosse sua compreensão da realidade.

A *nova pragmaticidade do conhecimento filosófico*

Mas é preciso cuidado! Dizer que a filosofia se auto-satisfaz, não nos deve levar à conclusão de que ela é uma atividade inútil, só valendo enquanto uma espécie de fruição intelectual diletante. A inutilidade de que se fala aqui é aquela confrontada à pragmaticidade, ou seja, à atividade transformadora que o ser humano exerce sobre a natureza, no âmbito de seu processo de adaptação/desadaptação, com vistas à sua própria sobrevivência, à produção dos meios de existência e à sua própria reprodução individual e social. Na realidade, a compreensão filosófica da realidade é um fim em si mesma na exata medida em que *a existência humana como um todo é sua meta!* Todo o esforço da consciência filosófica na busca do sentido das coisas tem, na verdade, a *finalidade de compreender de maneira integrada o próprio sentido da existência do homem!* Temos, então, de fato, uma *nova pragmaticidade:* o homem não consegue viver e existir apenas como um fato bruto, ele sente a necessidade inevitável de compreender sua própria existência. Portanto, o esforço despendido pela consciência no seu refletir filosófico não é só mero diletantismo intelectual, nem puro desvario ideológico, nem tentativa de representação do mundo para fins pragmáticos. É antes *a busca insistente do significado mais profundo da sua existência, sem dúvida alguma para torná-la mais adequada a si mesmo!*

É o que não deixa de testemunhar, ao longo de vários milênios, todo um acervo de expressões de conhecimentos assumidos pela cultura como filosóficos, ou seja, como formas de conhecimento cuja utilidade e finalidade não vão além de seu próprio processo, não sendo voltadas diretamente para as exigências imediatas do sobreviver nem para as necessidades concretas dos homens. Na realidade, o espírito humano está buscando insistentemente compreender a especificidade da existência do homem com o objetivo de torná-la cada vez mais plena. Até porque essa compreensão da própria existência ajudará os homens a darem sentido mais coerente ao conjunto de suas outras atividades.

Mas essa especificidade humana não é dada clara e distintamente na transparência da atividade consciente, como se decorresse de uma iluminação ou de alguma forma de evidência. Daí a facilidade com que a subjetividade, no seu confronto com a opacidade do mundo objetivo, cai em suas próprias armadilhas, perdendo-se em ilusões e alienando-se constantemente, como o demonstram também esses produtos culturais registrados pela história da filosofia. A atividade consciente é constantemente dominada pelo viés ideológico e pela auto-alienação.

Por enquanto, podemos reafirmar que a forma filosófica de conhecimento se apresenta como a busca ilimitada de mais sentido, de mais significação. Transforma-se então a filosofia num esforço do espírito humano com vistas a dar conta da significação de todos os aspectos da realidade, com a maior profundidade possível e sempre em relação à significação da existência do homem. É a tentativa de compreender o sentido mais radical de todas as coisas, independentemente da sua utilização imediata. Esse sentido é o modo pelo qual as coisas se apresentam ao "espírito", modo peculiarmente humano de a consciência se apropriar delas. Não sabemos se há outras maneiras de se construir o sentido, uma vez que nossa experiência só se revela e se constitui vivenciando essa única forma de captar/doar significações. Ter consciência, para o homem, identifica-se com o dispor de sentido, o que para ele representa a compreensão da realidade.

Compreender é, pois, reconhecer, no nível da subjetividade, nexos que vinculam, com determinada coerência entre si, elementos da realidade experienciada a partir do próprio processo vital.

No desdobramento de sua história sociocultural, a humanidade sempre se esforçou para se autocompreender, tendo esboçado modelos antropológicos, ainda que dogmáticos, inconsistentes e fragmentados, mas sempre resultantes dessa atividade constitutiva de sentido.

No Ocidente, entrecruzando-se com a teologia e com a ciência, a filosofia elaborou várias imagens do homem, apresentando-as como o fundamento de sua verdade e possível critério de si mesmo; construiu igualmente concepções que se quiseram explicativas de seu modo de conhecer, de seu agir, de seu avaliar, de seu conviver com os outros. Delineou assim também explicações para o mundo natural, para a vida, para a existência material.

Dessa maneira, mediante representações teóricas abstratas, reduplica o homem o mundo real, num processo de simbolização que é especificamente seu.

As três esferas da existência humana

O quadro a seguir busca representar o que foi descrito e exposto neste capítulo.

AS ESFERAS DA EXISTÊNCIA HUMANA E SUA INTER-RELAÇÃO

Com efeito, vimos que a existência humana, a partir do momento em que vai se tornando *especificamente* humana, ela se desenvolve em três dimensões. A dimensão básica é, sem dúvida, aquela da *prática produtiva*. É a esfera das relações de troca que o homem estabelece com a natureza, sem o que, obviamente, não poderia nem mesmo existir. O homem é uma parte da natureza, uma organização de elementos dessa natureza, e para sobreviver, física e biologicamente, precisa manter com ela um fluxo contínuo de trocas de elementos, sobretudo sob a forma de alimentação e de respiração. Para retirar da natureza esses elementos, o homem intervém sobre ela, agindo sobre seus processos, modificando-a, adaptando-a às suas necessidades. Essa atividade fundamental é o *trabalho,* prática produtiva através da qual provê os meios de sua subsistência.

Mas o desenvolvimento dessa atividade produtiva repercute sobre as relações dos homens entre si. A atividade produtiva representada pelo trabalho não pode se reduzir a uma prática puramente individual. É como se o homem/indivíduo isolado não conseguisse prover sua subsistência sozinho, ao contrário do que ocorre com os animais, que podem cuidar de sua sobrevivência mesmo individualmente isolados, contando com sua habilidade instintiva para retirar da natureza os elementos para sua sobrevivência sem interferir no seu processo. Assim sendo, ao mesmo tempo que produzem seus bens naturais, os homens passam a se organizar de maneira sistemática, estruturada: eles instalam o *modo social* de viver, superando o modo puramente gregário de ajuntamento dos animais. A nova forma de agrupamento vai distribuir os indivíduos em grupos e subgrupos, dividindo e atribuindo as funções que cada um deve exercer em benefício do conjunto formado pelo grupo abrangente que é a *sociedade* como um todo. Os indivíduos e grupos não apenas são estruturados mas também hierarquizados, de tal forma que haverá tanto uma *divisão técnica* das funções como uma *divisão política* do poder, no sentido de que alguns *podem* mais que outros.

Mas ocorre ainda a instauração de uma terceira dimensão, intrinsecamente vinculada às duas primeiras: acontece que ao mesmo tempo que produzem e se organizam socialmente, os homens desenvolvem, no plano de sua subjetividade, uma representação simbólica das condições de sua *existência*. Pela *prática simbolizadora* da consciência, eles criam conceitos e valores mediante os quais *representam* e *avaliam* essa realidade social e econômica.

Essas três dimensões se articulam intimamente entre si, de tal modo que o desenvolvimento de cada uma repercute sobre as outras duas, num fluxo e num contrafluxo permanentes. Assim, se o modo de produção, de um lado, repercute no modo da formação social e se ambos repercutem sobre o modo da representação subjetiva dos homens, de outro, as suas representações mentais interferem na sua organização social e na sua atividade produtiva, como ainda teremos a oportunidade de ver mais aprofundadamente no capítulo 12.

Esclarecendo alguns conceitos

Neste capítulo foi adotada uma *perspectiva antropológica* de abordagem para se tratar da origem da espécie humana. Isso quer dizer que as informações trazidas sobre a formação da humanidade se apóiam nos resultados fornecidos pela *antropologia científica*. Esta é a ciência que estuda o homem utilizando-se da moderna metodologia das ciências. Enquanto *antropologia física*, adota a metodologia das ciências naturais e estuda o homem enquanto organismo biológico; como *antropologia cultural*, estuda a espécie humana enquanto organizada em sociedade e produtora coletiva de cultura e da civilização.

Assim, a antropologia considera o homem como um *dado empírico e histórico*. Com isso se quer dizer que a espécie humana é abordada como uma manifestação puramente fenomenal, como se fosse puro objeto natural, físico-biológico. É histórico porque se manifesta no decorrer do tempo, acompanhando o desenvolvimento tanto da natureza como da própria sociedade. Esta se constitui ao longo do tempo.

Usou-se também o conceito de *práxis:* ele designa a prática humana enquanto é atravessada por uma forma de intenção reflexiva; distingue-se assim de uma prática puramente mecânica.

Já quando se fala de *utilidade pragmática, de pragmaticidade*, o que se quer fazer é uma referência ao que é concreto, aplicado, prático, ao que tem efetivamente a ver com a vida real, em oposição àquilo que é puramente teórico, abstrato, especulativo.

Mas é preciso destacar ainda o conceito de *consciência*, tomada aqui em seu sentido mais geral. A consciência é o campo do psiquismo onde se fazem presentes os dados mentais das várias formas de percepção que temos dos aspectos da realidade em geral. No caso do conhecimento, esse dado se dá sob forma de *representação* que, por assim dizer, se coloca no lugar do objeto representado. Trata-se de uma *mediação:* pela idéia, gerada no âmbito da consciência, nós representamos as "coisas reais", que se nos tornam acessíveis através da experiência, constituída de elementos de percepção sensível, de imaginação e de intuição intelectual.

As coisas do mundo real não podem estar fisicamente presentes na nossa consciência. Por isso elas são representadas, ficam mentalmente presentes, são simbolizadas. Daí se falar que nos conhecemos mediante uma *atividade simbolizadora...*

Questões para discussão

• Como explicar, de uma perspectiva antropológica, a tendência que os homens manifestam de conhecer as coisas?

• Compare a utilidade da filosofia com a utilidade da religião e da ciência.

• Sintetize, a partir do texto, em obras científicas de antropologia e história, mais elementos sobre a origem da espécie humana, buscando caracterizar seu comportamento específico.

Leitura complementar

O trecho de Marx e Engels, transcrito a seguir, expressa a tríplice dimensão da existência humana enquanto instaurada histórica e antropologicamente. Os autores realçam a vinculação intrínseca das três esferas, destacando sobretudo a dependência originária das expressões da consciência em relação à prática econômica e à vida social.

Karl Marx (1818-1883) nasceu em Tréves, na Alemanha. Estudou direito e filosofia, em Bonn e em Berlim, tornando-se adepto do hegelianismo. Deixou a carreira acadêmica universitária para se dedicar ao jornalismo e à política. Preocupado com as adversas condições sociais dos trabalhadores no auge do capitalismo industrial, integrou-se às lutas político-sindicais do proletariado, tendo evoluído do liberalismo para posições socialistas, passando a criticar a filosofia idealista de Hegel e a defender o materialismo filosófico.

Além de sua militância política, contribuindo para a organização do proletariado, Marx produziu uma significativa obra teórica nos campos da filosofia, da sociologia e da economia política. Assim, escreveu *Diferença entre a filosofia da natureza de Demócrito e a de Epicuro* (1841), *Crítica da filosofia do direito de Hegel* (1843), *Economia e filosofia* (1844), *Teses sobre Feuerbach* (1845), *A miséria da filosofia* (1847), *Crítica da economia política* (1859), e o seu clássico e volumoso trabalho, *O Capital* (1867). Com Engels (vide capítulo 11), publicou *A sagrada família* (1845) e *A ideologia alemã* (1845-1846), de onde é tirado o trecho anexo.

"O fato, portanto, é o seguinte: indivíduos determinados, que como produtores atuam de um modo também determinado, estabelecem entre si relações sociais e políticas determinadas. É preciso que, em cada caso particular, a observação empírica coloque necessariamente em relevo — empiricamente e sem qualquer especulação ou mistificação — a conexão entre a estrutura social e política e a produção.

A estrutura social e o Estado nascem constantemente do processo de vida de indivíduos determinados, mas destes indivíduos não como podem aparecer na imaginação própria ou alheia, mas tal e como *realmente* são, isto é, tal e como atuam e produzem materialmente e, portanto, tal e como desenvolvem suas atividades sob determinados limites, pressupostos e condições materiais, independentes de sua vontade.

A produção de idéias, de representações da consciência, está de início, diretamente entrelaçada com a atividade material e com o intercâmbio material dos homens, como a linguagem da vida real. O representar, o pensar, o intercâmbio espiritual dos homens aparecem aqui como emanação direta de seu comportamento material. O mesmo ocorre com a produção espiritual, tal como aparece na linguagem da política, das leis, da moral, da religião, da metafísica etc. de um povo. Os homens são os produtores de suas representações, de suas idéias etc., mas os homens reais e ativos, tal como se acham condicionados por um determinado desenvolvimento de suas forças produtivas e pelo intercâmbio que a ele corresponde até chegar às suas formações mais amplas.

A consciência jamais pode ser outra coisa do que o ser consciente, e o ser dos homens é o seu processo de vida real. E se, em toda ideologia, os homens e suas relações aparecem invertidos como numa câmara escura, tal fenômeno decorre de seu processo histórico de vida, do mesmo modo por que a inversão dos objetos na retina decorre de seu processo de vida diretamente físico.

Totalmente ao contrário do que ocorre na filosofia alemã, que desce do céu à terra, aqui se ascende da terra ao céu. Ou, em outras palavras: não se parte daquilo que os homens dizem, imaginam ou representam, e tampouco dos homens pensados, imaginados e representados para, a partir daí, chegar aos homens em carne e osso; parte-se dos homens realmente ativos e, a partir de seu processo de vida real, expõe-se também o desenvolvimento dos reflexos ideológicos e dos ecos desse processo de vida. E mesmo as formações nebulosas no cérebro dos homens são sublimações necessárias do seu processo de vida material, empiricamente constatável e ligado a pressupostos materiais. A moral, a religião, a metafísica e qualquer outra ideologia, assim como as formas de consciência que a elas correspondem, perdem toda a aparência de autonomia. Não tem história, nem desenvolvimento; mas os homens, ao desenvolverem sua produção material e seu intercâmbio, transformam, também, com esta sua realidade, seu pensar e os produtos de seu pensar. Não é a consciência que determina a vida, mas a vida que determina a consciência. Na primeira maneira de considerar as coisas, parte-se da consciência como do próprio indivíduo vivo; na segunda, que é a que corresponde à vida real, parte-se dos próprios indivíduos reais e vivos, e se considera a consciência unicamente como *sua* consciência.

Esta maneira de considerar as coisas não é desprovida de pressupostos. Parte de pressupostos reais e não os abandona um só instante. Estes pressupostos são os homens, não em qualquer fixação ou isolamento fantásticos, mas em seu processo de desenvolvimento real, em condições determinadas, empiricamente visíveis. Desde que se apresente este processo ativo de vida, a história deixa de ser uma coleção de fatos mortos, como para os empiristas ainda abstratos, ou uma ação imaginária de sujeitos imaginários, como para os idealistas.

Ali onde termina a especulação, na vida real, começa também a ciência real, positiva, a exposição da atividade prática, do processo prático de desenvolvimento dos homens. As frases ocas sobre a consciência cessam, e um saber real deve tomar o seu lugar. A filosofia autônoma perde, com a exposição da realidade, seu meio de existência. Em seu lugar pode aparecer, quando muito, um resumo dos resultados mais gerais, que se deixam abstrair da consideração do desenvolvimento histórico dos homens. Estas abstrações, separadas da história real, não possuem valor algum. Podem servir apenas para facilitar a ordenação do material histórico, para indicar a seqüência de suas camadas singulares. Mas de forma alguma dão, como a filosofia, uma receita ou um esquema onde as épocas podem ser enquadradas. A dificuldade começa, ao contrário, apenas quando se passa à consideração e à ordenação material, seja de uma época passada ou do presente, quando se passa à exposição real. A remoção destas dificuldades depende de pressupostos impossíveis de desenvolver aqui, mas que resultam somente do estudo do processo de vida real e da ação dos indivíduos de cada época."

MARX-ENGELS, A *ideologia alemã*. 7. ed. São Paulo, Hucitec, 1989, p. 35-39. (Trad. José Carlos Bruni e M. Aurélio Nogueira.)

Capítulo 2
E a consciência se expande

Vimos, no capítulo anterior, que a consciência emerge na história da espécie humana, como uma função plenamente integrada aos processos das atividades que os homens passaram a desenvolver para cuidar da própria sobrevivência material. É por isso que se pode considerar que a consciência, enquanto dimensão de subjetividade, emerge como *estratégia da vida!* É por isso também que pensamento e ação se misturam e se vinculam em suas origens. O conhecimento se processa com finalidade intrinsecamente pragmática.

Mas à medida que vai se exercendo, cada uma das práticas humanas vai adquirindo uma certa autonomia, ocorrendo como se fossem independentes umas em relação às outras, como se tivessem finalidades próprias, já que cada uma se utiliza de recursos específicos.

Foi o que ocorreu com a atividade da consciência. De repente, os homens passaram a exercer sua subjetividade, a pensar como se seu pensamento tivesse plena autonomia em relação aos outros aspectos de sua vida, como se ele bastasse a si mesmo, como se pudesse trilhar um caminho que lhe fosse exclusivo, situado num patamar distinto daqueles em que se situa sua vida material.

Na sua gênese, a consciência se coloca nos limites da vida...

Vamos representar essa autonomização da consciência utilizando-nos da imagem de círculos concêntricos que se expandem a partir do núcleo central que é a própria *vida orgânico-natural* — já que é nas próprias fronteiras do instinto e da energia vital que podemos situar a emergência das manifestações típicas da atividade da consciência.

EMERGÊNCIA, DESENVOLVIMENTO E EXPANSÃO DA CONSCIÊNCIA

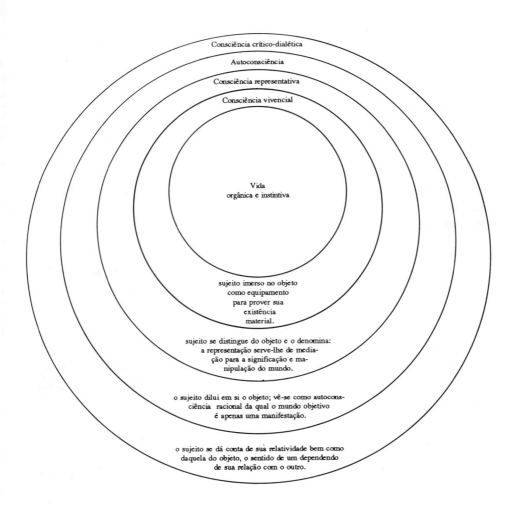

Mas antes de analisarmos o quadro sugerido, tenhamos bem presente que a atividade simbolizadora da consciência expressa a capacidade que o homem adquiriu, com esse novo equipamento, de substituir as coisas por um "substituto mental", de tal forma que pode lidar com os objetos do mundo e respectivas relações num plano de reduplicação, os conteúdos mentais podendo ser trabalhados sem uma vinculação física aos objetos extramentais a que supostamente correspondem. Por exemplo, se vamos cortar um objeto, antes de cortá-lo fisicamente, "cortamos mentalmente" sua representação simbólica...

É isso que nos permite afirmar que, a cada estágio de sua expansão, a consciência se vê como um sujeito que estabelece uma determinada forma de relação com o objeto de seu conhecimento.

É o modo de vivenciar essa relação que vai caracterizar a peculiaridade de cada etapa de expansão da consciência.

Voltando ao quadro, situamos no círculo central o próprio *processo energético-vital*. A vida com sua dinâmica própria, com seu impulso vital, coordenando e direcionando a organização e a evolução da matéria e da energia, relacionando-se instintivamente com o mundo. Universo da vida vegetal, que explode na vida animal, em relação abrangente com a natureza, guiando-se pela instintividade, mediação universal e transitiva da vida.

Aos poucos, a consciência rompe com a transitividade mecânica dos instintos

Em seguida, circundando esse núcleo vital, encontramos aquele da *subjetividade vivenciada,* um primeiro patamar de consciência, apreensível como força do equipamento físico-psíquico do organismo humano, em continuidade com o instinto, mas, ao mesmo tempo, rompendo com a transitividade do mesmo ainda muito mecanicista. Doravante as relações dos seres vivos — representados pela espécie humana — com a natureza já se diferenciam. Os homens já podem cuidar de sua existência, interagindo com a natureza, não mais apenas através da diretividade do instinto vital, que continua presente e atuante, mas também através de uma embrionária forma de simbolização que intermedeia sua ação, gerada em resposta às várias formas de relações objetivas que o prendem à natureza. É o pensamento embrionário, forma arqueológica do saber, mas que ainda não "conhece" propriamente o seu objeto e, sobretudo, não conhece o seu ato de conhecer. É um impulso como que instintivo que brota espontaneamente, confundindo-se, em sua originalidade, com o próprio impulso da vida. É uma consciência que emerge e que se desenvolve como estratégia da vida, como processo integrante da força vital de auto-sobrevivência. Um primeiro nível de significação é constituído, nesse patamar de subjetividade, gerando assim um primeiro estágio de compreensão. O espírito inicia sua autoconstituição no prolongamento da vitalidade orgânica e começa a duplicar, mediante uma representação simbólica, o objeto de sua experiência, conseguindo abstraí-lo de sua concretude e pura facticidade. Mas o sujeito atua ainda como que mergulhado no objeto, sem dele se distinguir, fazendo corpo com ele. É essa condição que já permite aos homens a capacidade de produzirem os meios de sua sobrevivência e do provimento de sua existência material.

A consciência torna-se então poder de representação simbólica...

Mas, em seguida, expande-se ainda mais o potencial da consciência, alargando seu alcance e profundidade. Desimpregnando-se dos interesses vitais, ela como que busca uma esfera de autonomia e nesse estágio aumenta seu nível de abstração, representando os objetos mediante símbolos cada vez mais autônomos que ganham até mesmo uma entidade própria, descolada do objeto representado. A *palavra denominadora,* o *nome,* ganha importância e relevância, constitui-se o universo articulado das representações, com a pretensão de se estar esclarecendo, em plena subjetividade, os nexos que ligam as coisas que formam o conjunto da realidade e que até então estavam ocultas, subjacentes. É uma atividade intelectual do espírito, explicitadora do sentido e com a qual o homem refina sua apreensão do mundo que agora pode domesticar melhor, pois que essa compreensão lhe permite dominar esse mundo. Tal círculo nasce com o mito e culmina com a ciência e a filosofia. É o sujeito se colocando frente ao objeto, invadindo-o, violando-o dando-lhe um *nome,* transportando-o pela sua imaginação e pela representação para uma *idealidade mental,* pela mediação da qual pode manipulá-lo a distância. É nesse círculo que se desenrolou e vem se desenrolando a grande aventura do espírito humano, ao longo dos últimos milênios.

Há um momento em que a consciência se volta sobre si mesma: é então auto-consciência

Pode-se dizer agora que, nesses últimos séculos, a consciência se expandiu ainda mais, avançando mais um estágio: não apenas ela é capaz de representar o mundo, mas passa a se dar também conta de *seu próprio ato de representação* e busca então *conhecer-se conhecendo, a dar conta da própria subjetividade enquanto subjetividade.* Isso leva o sujeito a se dar precedência e prioridade no universo significativo, diluindo o objeto no próprio sujeito. Esse estágio ocorre no interior do desenvolvimento da própria filosofia que supera a *etapa representacionista* do objeto em decorrência da priorização da atividade subjetiva. É o momento de entificação da razão, erigida até mesmo em sujeito absoluto.

A consciência amadurece e dá-se conta da própria limitação...

Finalmente, parece que estamos entrando num outro círculo de expansão da subjetividade dessa consciência filosófica. O sujeito dá-se conta de sua precariedade, de sua relatividade, não vendo mais a razão como absoluta. Uma "lógica" anterior precede e direciona a logicidade e sua pretensão de ordenar o mundo se esvai. Uma nova revolução epistemológica parece se prenunciar e se faz anunciar em algumas linhas da filosofia contemporânea. A razão, a consciência racional dá-se conta de sua finitude: ela se torna *dialética e crítica.* Crítica ao reconhecer os seus limites e dialética ao reconhecer a necessária contribuição, para seu exercício válido, desses próprios limites. Sabe-se necessariamente condicionada em sua atividade pelos variados determinismos que dão suporte a sua existência. Resgata sua fecundidade epistemológica mesmo sabendo que o conhecimento que elabora é necessariamente limitado por coeficientes de dependência de variada natureza.

Essa última fase que a consciência parece estar atingindo reconsidera que a subjetividade humana é mais abrangente que a pura consciência racional, ultrapassa a posição do racionalismo iluminista que via na razão, na pura racionalidade, o elemento característico da subjetividade humana. Agora a subjetividade passa a ser considerada como uma esfera mais abrangente, envolvendo aspectos e dimensões não especificamente racionais e que são relevantes na própria ordem do conhecimento.

Essa perspectiva de crítica ao racionalismo exacerbado e o enriquecimento da esfera da subjetividade, perspectiva que parece indicar rumos de uma profunda revisão na compreensão do próprio conhecimento — estão presentes em quase todas as filosofias contemporâneas que, embora de abordagens diferentes, acabam apontando na mesma direção.

Esclarecendo alguns conceitos

Subjetividade (e seus correlatos: sujeito, subjetivo): é a condição daquilo que se refere à consciência enquanto pólo que recebe as informações sobre os objetos nas relações que constituem as experiências dos homens frente aos vários aspectos da realidade. É a condição e o modo de atuação do sujeito, entendido este como a esfera mental do homem enquanto pólo que recebe e apreende as informações referentes aos objetos na relação do conhecimento e das demais formas de sensibilidade.

Objetividade: é a condição e o modo de ser do objeto, entendido como o dado que fornece informações à mente, à consciência do sujeito na relação de conhecimento e de outras formas de sensibilidade.

Conhecimento: é a relação estabelecida entre sujeito e objeto, na qual o sujeito apreende informações a respeito do objeto. É a atividade do psiquismo humano que torna presente à sensibilidade ou à inteligência um determinado conteúdo, seja ele do campo empírico ou do próprio campo ideal.

Epistemologia: área da filosofia que estuda a questão do conhecimento humano, tendo assumido dois sentidos na tradição filosófica ocidental. Um sentido geral: estudo descritivo e crítico dos processos gerais do conhecimento, tendo por sinônimos gnoseologia, teoria do conhecimento; e um sentido mais restrito: estudo descritivo e crítico do conhecimento científico em particular. Só o contexto de seu uso no texto poderá esclarecer em que sentido o termo está sendo tomado.

Racionalidade: característica daquilo que se refere à razão. Considera-se como razão a consciência subjetiva enquanto procede logicamente, estabelecendo nexos dotados de coerência lógica entre os vários objetos de sua apreensão. Com isso, distingue-se a atitude racional da consciência subjetiva de outras suas formas de manifestação, tais como a atitude emocional, a atitude imaginativa, a atitude afetiva, a atitude religiosa, a atitude estética etc., que são todas atitudes subjetivas sem serem, no entanto, atitudes lógico-racionais.

Questões para discussão

Por que os homens tendem a considerar que o pensamento é uma atividade auto-suficiente? Que argumentos apresentam para justificar essa autonomia?

Em que fase da expansão da consciência podemos situar o surgimento da linguagem? E o que ela significa então?

Leitura complementar

No texto a seguir, Teilhard de Chardin expõe sua visão da consciência; sua gênese cria uma nova camada que cobre toda a natureza: a noosfera, dimensão propriamente espiritual e especificamente humana, é a etapa mais recente do grande processo de evolução que atravessa toda a realidade. Fora e acima da biosfera, a noosfera surge sem ruído mas coloca a humanidade num patamar que lhe é específico e exclusivo.

"O PASSO TERRESTRE PLANETÁRIO. A NOOSFERA

Observado em relação ao conjunto de todos os verticilos vivos, o filo humano não é um filo como os outros. Mas porque a Ortogênese específica dos Primatas (aquela que os impele para uma crescente cerebralidade) coincide com a Ortogênese axial da Matéria organizada (aquela que impele todos os vivos para uma mais alta consciência), o Homem, surgido no âmago dos Primatas, desabrocha na flecha da Evolução zoológica. Nesta constatação culminavam, se bem lembramos, nossas considerações sobre o estado do Mundo pliocênico.

Que valor privilegiado essa situação única irá conferir ao passo da Reflexão?

É fácil percebê-lo.

"A mudança de estado biológico que atinge o despertar do Pensamento não corresponde simplesmente a um ponto crítico atravessado pelo indivíduo, ou mesmo pela Espécie. Mais vasta do que isso, ela afeta a própria Vida em sua totalidade orgânica — e, por conseguinte, assinala uma transformação que afeta o estado do planeta inteiro."

Tal é a evidência que, nascendo de todas as outras evidências pouco a pouco adicionadas e ligadas no decurso de nossa investigação, se impõe irresistivelmente à nossa lógica e aos nossos olhos.

Pierre Teilhard de Chardin (1881-1955), teólogo e jesuíta que foi também geólogo e paleontólogo. Com base nos dados fornecidos pelas ciências antropológicas, elaborou uma concepção filosófico-teológica de caráter evolucionista. Para ele, a realidade é perpassada por duas grandes forças: uma que tende a levar à matéria, à dissipação e à perda, enquanto outra a impele à vida e à consciência. Assim, pela atuação da energia vital, a matéria vai se estruturando e se organizando em formas cada vez mais complexas e concentradas que se tornam então conscientes e espiritualizadas.

Segundo Teilhard de Chardin, está em ação um processo de evolução de todo o cosmos que terminará no próprio Deus — ponto ômega de chegada mediante a divinização que se dá pelo Cristo cósmico.

Dentre suas obras se destacam: *O fenômeno humano* (1957); *O meio divino* (1957); *A visão do passado* (1957); *O futuro do homem* (1960), todas póstumas.

Não deixáramos de seguir, desde os indecisos contornos da Terra Juvenil, os estádios sucessivos de um mesmo vasto empreendimento. Sob as pulsações da geoquímica, da geotectônica, da geobiologia, um único e só processo de fundo, sempre reconhecível: aquele que, depois de se haver materializado nas primeiras células, prolongava-se na edificação dos sistemas nervosos. A Geogênese, dizíamos, emigrando para uma Biogênese, que outra coisa finalmente não é senão uma Psicogênese.

Com e na crise da Reflexão, descobre-se nada menos que o termo seguinte da série. A Psicogênese nos conduzira até o Homem. Apaga-se agora, revezada ou absorvida por uma função mais alta: o parto, primeiro, e, ulteriormente, todos os desenvolvimentos do Espírito — a *Noogênese*. Quando, pela primeira vez, num ser vivo, o instinto se percebeu no espelho de si mesmo, foi o Mundo inteiro que deu um passo.

São enormes as conseqüências dessa descoberta para as opções e as responsabilidades de nossa ação. Voltaremos a esse ponto. Para a nossa inteligência da Terra, elas são decisivas.

Os geólogos, de há muito, concordam em admitir a composição zoneada de nosso planeta. Já nos referimos à Barisfera, metálica e central — rodeada por sua Litosfera rochosa —, à qual, por sua vez, se sobrepõem as camadas fluidas da Hidrosfera e da Atmosfera. A essas quatro superfícies encaixadas entre si, a Ciência habituou-se com razão, desde Suess, a acrescentar a membrana viva formada pelo feltro vegetal e animal do Globo: a Biosfera, tantas vezes mencionada nestas páginas — a Biosfera, invólucro tão nitidamente universal quanto as outras "esferas" e até muito mais nitidamente individualizado do que elas, pois que, em sua vez de representar um agrupamento mais ou menos frouxo, forma uma só peça —, o próprio tecido das relações genéticas que, uma vez desdobrado e erguido, desenha a Árvore da Vida.

Por termos reconhecido e isolado, na história da Evolução, a nova era de uma Noogênese, eis-nos forçados, correlativamente, a distinguir, na majestosa ordenação das folhas telúricas, um suporte proporcionado à operação, quer dizer, uma membrana a mais. Em volta da centelha das primeiras consciências reflexivas, os processos de um círculo de fogo. O ponto de ignição se alargou. O fogo ganha terreno. Finalmente, a incandescência cobre todo o planeta. Uma só interpretação, um só nome se acham à medida desse grande fenômeno. Exatamente tão extensiva, mas muito mais coerente ainda, como veremos, do que todas as camadas precedentes, é verdadeiramente uma camada nova, a "camada pensante", que, após ter germinado nos fins do Terciário, se expande desde então por cima do mundo das Plantas e dos Animais: fora e acima da Biosfera, uma *Noosfera*.

Aqui explode a desproporção que falseia toda classificação do mundo vivo (e, indiretamente, toda construção do mundo físico) em que o Homem não figura logicamente senão como um gênero novo ou uma nova família. Erro de perspectiva que desfigura e descoroa o Fenômeno universal! Para dar ao Homem o seu verdadeiro lugar na Natureza, não basta abrir nos quadros da Sistemática uma seção suplementar — mesmo uma Ordem, mesmo um Ramo a mais... Pela hominização, a despeito das insignificâncias do salto anatômico, é uma Idade nova que começa. A Terra "muda de pele". Melhor ainda, encontra a sua alma.

Por conseguinte, situado em meio às coisas com suas verdadeiras dimensões, o passo histórico da Reflexão é muito mais importante do que qualquer corte zoológico, seja aquele que assinala a origem dos Tetrápodes ou aquele dos próprios Metazoários. Dentre os escalões sucessivamente franqueados pela Evolução, o nascimento do Pensamento segue-se diretamente, e só é comparável, em ordem de grandeza, à condensação do quimismo terrestre ou ao próprio aparecimento da Vida.

O paradoxo humano se resolve tornando-se desmedido!

Não obstante o relevo e a harmonia que introduz nas coisas, esta perspectiva nos desconcerta de momento porque contradiz a ilusão e os hábitos que nos levam a medir os acontecimentos por sua face material. E parece-nos desmesurada também porque, mergulhados nós mesmos no humano como um peixe no mar, a custo emergimos dele pelo espírito para apreciar sua especificidade e sua amplitude. Mas observemos um pouco melhor à nossa volta: esse dilúvio súbito de cerebralidade; essa invasão biológica de um novo tipo animal que elimina ou subjuga gradualmente toda forma de vida que não seja humana; essa maré irresistível de campos e de fábricas; esse imenso edifício crescente de matéria e de idéias... Todos esses sinais, que olhamos, quotidianamente, sem tentar compreender, não estão a nos gritar que algo, sobre a Terra, mudou "planetariamente"?

Na verdade, para um geólogo imaginário que viesse, daqui a muito tempo, inspecionar o nosso globo fossilizado, a mais espantosa das revoluções sofridas pela Terra situar-se-ia, sem equívoco possível, no início do que, com toda razão, se chamou o *Psicozóico*. E neste mesmo instante, para qualquer Extraterrestre capaz de analisar tanto psiquicamente quanto fisicamente as radiações siderais, a primeira característica, de nosso planeta seria certamente o fato de este lhe aparecer não azul, de seus mares, ou verde, de suas florestas — mas fosforescente de Pensamento.

O que pode haver de mais revelador para a nossa Ciência moderna é perceber que todo o precioso, todo o ativo, todo o progressivo originariamente contidos no retalho cósmico, do qual nosso mundo saiu, encontra-se agora centrado na "coroa" de uma Noosfera.

E o que há de supremamente instrutivo (se soubermos ver) na origem dessa Noosfera é constatarmos quão *insensivelmente,* à força de ser universalmente e longamente preparado, se produziu o enorme acontecimento que o seu nascimento representa.

O Homem entrou no mundo sem ruído..."

CHARDIN, Teilhard de. *O fenômeno humano.* São Paulo, Cultrix, 1989, p. 196-198. (Trad. José Luiz Archanjo.)

Capítulo 3

A cultura ocidental é fruto da união das culturas de três pequenos/grandes povos

Nos capítulos anteriores, fizemos uma incursão no campo antropológico procurando surpreender a gênese da consciência e, conseqüentemente, da filosofia, no alvorecer da constituição da humanidade. Tratou-se mais de uma recomposição arqueológica, a que se chega por caminhos indiretos, por falta de referências e de documentos. Foi uma ida literal à pré-história...

Agora vamos começar a trabalhar com dados historicamente documentados, referentes a períodos bem mais recentes nos quais já temos constituída, consolidada e registrada a *cultura humana*, sob formas de expressão bem concretas. A consciência que vimos emergir fazendo corpo com o impulso vital já conquistou muita autonomia e conseguiu objetivar sua criatividade em muitas obras, empírica e historicamente observáveis...

Voltamos às origens da cultura ocidental porque não é possível compreender o significado da cultura contemporânea sem o resgate de significados de momentos de articulação que a antecederam. É que o modo pelo qual compreendemos os vários aspectos de nossa existência não foi construído abruptamente; ao contrário, ele se constituiu num trabalho contínuo da consciência através do tempo. Ele se fez em tradição...

Cosmovisões e realidade histórica

Sem dúvida, não podemos reconstituir a história da humanidade apenas através da história de suas idéias, como se estas tivessem autonomia e uma causalidade própria no processo de criação social e cultural. Já sabemos que o pensamento e a cultura dos homens nascem de uma subjetividade que se fecunda por um processo histórico-social que a provoca, desafia e condiciona, situando-a nos limites determinantes de sua contingência.

Nem por isso, contudo, deixa de ser relevante a tentativa de se retomar historicamente o desenvolvimento das idéias geradas pelos homens em face dos desafios que tiveram de enfrentar. Quaisquer que tenham sido essas idéias, ou seus compromissos ideológicos, elas constituem as respostas que os homens deram aos problemas que enfrentaram naquele momento histórico.

As idéias que acabaram tomando corpo e se transformando em conteúdos culturais revelam e expressam posições básicas que os povos assumiram nos diversos momentos de sua história. Elas nos dizem até hoje não só como aqueles povos pensaram mas também como pretendiam dirigir seu próprio comportamento social. Esses conjuntos culturais não só traduzem uma concepção de mundo feita de representações e valores, que se apresentam como verdadeiros e válidos, como também adquiriram uma força histórica de formação e transformação das sociedades na medida mesma em que integravam as ideologias dessas mesmas sociedades.

É possível detectar, pois, nas idéias que a história da cultura nos lega, idéias básicas que serviram de núcleo da concepção de mundo de cada povo, nos vários momentos históricos por ele vividos. Essa concepção de mundo corresponde à feição característica de determinada cultura e acompanha suas relações com outras concepções de mundo de outros povos cujas histórias estão ligadas entre si, bem como de sua evolução através dos tempos, acompanhando as peripécias da sociedade que a assume, permitindo assim que se compreenda igualmente a feição da sociedade atual.

Assim, nos diversos campos da cultura, as formas de consciência assumidas nos vários momentos da história de uma sociedade contribuem para o entendimento das formas atuais e da própria vida social contemporânea. Isso se torna ainda mais marcante no caso do pensamento filosófico, dado exatamente o fato de que as perspectivas explicativas da filosofia se expressam com pretensão de abrangência significativa da totalidade, procurando explicar todos os aspectos da existência do homem e do mundo.

O que se busca mostrar aqui é que formas particulares assumidas e reveladas pelas expressões culturais, de natureza filosófica, nos vários momentos da cultura ocidental, ajudam-nos a compreender a nossa atual maneira de ver o mundo, em geral, e o homem, em particular. Por trás de seu significado ideológico, de suas mediações simbólicas, essas formas de consciência, presentes nas várias fases da cultura ocidental, há sempre elementos significativos que traduzem o sentido que se vem dando a determinado aspecto da existência humana.

O encontro e a fusão de três culturas

Quaisquer que tenham sido as condições econômico-sociais da formação e do desenvolvimento histórico da sociedade e da cultura do Ocidente, é possível constatar que o nosso mundo, forjado no espaço geográfico do Mediterrâneo, resultou do entrecruzamento de três grandes vetores culturais: o judaísmo, o helenismo e o cristianismo. As feições da cultura ocidental são resultantes do confronto, do diálogo, da afirmação ou da negação de *princípios fundamentais* que embasavam a concepção da existência humana e a visão de mundo dessas três culturas. Essas concepções básicas dão conta das orientações que os homens buscaram imprimir em sua ação e em sua história, justificando, ideologicamente o mais das vezes, as suas opções políticas.

Assim, é possível dizer que o atual Ocidente deve sua origem histórica ao encontro de três pequenos povos: os romanos, os judeus e os gregos. Os povos judeu e grego, do ponto de vista quantitativo, político e militar, pouca significação teriam. Tanto isso é verdade que sua atuação só foi eficaz e fecunda quando entrou em cena o povo romano, este sim, militar, política e administrativamente forte, embora pouco significàtivo do ponto de vista específico da cultura filosófica. A história do Ocidente começa, pois, quando os romanos conquistam militar, econômica e politicamente o mundo banhado pelo Mediterrâneo, impondo sua organização administrativa imperial que desmantelava os círculos fechados das culturas dos vários povos que até então viviam, até certo ponto, isolados uns dos outros.

O mundo romano tornara-se um mundo cosmopolita, abrigando todos os povos da época, subjugados pela *pax romana*. Foi nesse contexto do Império Romano que as duas culturas mais importantes daquele momento puderam se encontrar e se expandir. Esse encontro provocou novas mudanças nas concepções de mundo, como ocorreu no caso do cristianismo.

A cosmovisão judaica

Mas quais as posições básicas do judaísmo? O judaísmo era não só uma religião, uma doutrina mística e teológica, mas também todo um substrato cultural de uma civilização mediterrânea. Tem sua história e seus princípios registrados na Bíblia, na parte correspondente ao Velho Testamento. Em sua literatura teológica, o povo judeu sempre se entendeu como um povo privilegiado, com quem Deus fizera uma aliança e a quem prometera um destino muito importante e significativo, ultrapassadas as dificuldades de toda ordem que deveria enfrentar historicamente.

O que subjaz a toda essa narrativa bíblica? Que é um Deus todo-poderoso, senhor e *criador do Universo*, que promete *salvar o povo judeu*, por ele *escolhido* para ser seu representante na Terra. Note-se que não se trata de salvar o *indivíduo* como tal, mas a *comunidade*, o *povo* que for fiel a Deus, sendo essa salvação *um acontecimento histórico*, uma vez que se dará no decorrer da história; os homens que constituem a comunidade que será salva são os indivíduos concretos: os judeus não enfatizam então a distinção e a dualidade corpo e alma. Portanto, o que se tem de básico na visão judaica são os seguintes princípios: 1. a historicidade, o sentido da história dos acontecimentos; 2. o sentido do coletivo, do caráter comunitário prevalecendo sobre o individual; 3. o sentido da unidade do homem e da valorização do corpo; 4. a visão de Deus como um ser pessoal, cheio de reações análogas às dos homens com quem a comunidade judaica se relaciona e faz alianças.

O texto seguinte, extraído do *Deuteronômio*, um livro bíblico do Antigo Testamento, dá bem a idéia de como o judaísmo considerava Deus e suas relações com os homens. Esse livro é tido como o Evangelho do Antigo Testamento e expõe os discursos de Moisés ao povo israelita.

"7 Quando o Senhor teu Deus te tiver introduzido na terra, de que vais tomar posse, e tiver exterminado diante de ti muitas nações o Heteu e o Gergeseu e o Amorreu, e o Cananeu e o Ferezeu, e o Heveu, e o Jebuseu, sete nações muito mais numerosas e mais fortes do que tu, e o Senhor teu Deus tas tiver entregado, tu as combaterás até ao extermínio. Não farás aliança com elas nem as tratarás com compaixão, nem contratarás com elas matrimônios. Não darás tua filha a seu filho, nem tomarás sua filha para teu filho; porque ela seduzirá o teu filho para que me não siga, mas sirva antes a deuses estranhos, e o furor do Senhor se acenderá, e te destruirá logo. Mas antes ao contrário fareis assim: Deitai abaixo os seus altares e quebrai as estátuas, e cortai os bosques, e queimai as esculturas. Porque tu és um povo consagrado no Senhor teu Deus. O Senhor teu Deus te escolheu para seres um povo particular, entre todos os povos que há na terra. Não *(foi)* porque excedêsseis em número todas a nações que o

Senhor se uniu a vós, e vos escolheu, sendo vós menos em número do que todos os outros povos, mais foi porque o Senhor vos amou e guardou o juramento que tinha feito a vossos pais; por isso vos tirou com mão poderosa, e vos resgatou da casa da escravidão, do poder de Faraó, rei do Egito. E saberás que o Senhor teu Deus é o Deus forte e fiel que guarda o seu pacto e a sua misericódia até mil gerações com aqueles que o amam e observam os seus preceitos, e que castiga prontamente os que o aborrecem de modo a exterminá-los e a não diferir por mais tempo, dando-lhes imediatamente o que merecem.

Guarda, pois, os preceitos e cerimônias e ordenações que eu hoje te mando observar. Se, depois de teres ouvido estas odenações as guardares e praticares, também o Senhor teu Deus guardará a teu respeito o pacto e a misericórdia que jurou a teus pais, e te amará e te multiplicará, e abençoará o fruto do teu ventre, e o fruto da tua terra, o teu trigo, e a vindima, e o azeite, e os bois, e os rebanhos das tuas ovelhas na terra que ele jurou a teus pais dar-te. Serás bendito entre todos os povos. Não haverá no meio de ti quem seja estéril de um nem de outro sexo, nem entre os homens nem entre os teus rebanhos. O Senhor afastará de ti todas as doenças; e não fará cair sobre ti, mas sobre os teus inimigos as terríveis pragas do Egito, que tu conheces. Devorarás todos os povos, que o Senhor teu Deus está para te entregar. Não os pouparão teus olhos, e não servirás aos seus deuses, para que não venham a ser causa da tua ruína.

Se disseres no teu coração: Estas nações são mais numerosas do que eu, como poderei eu extingui-las? Não temas mas lembra-te do que o Senhor teu Deus fez a Faraó e a todos os Egípcios, das grandíssimas pragas que os teus olhos viram, e dos milagres, e dos prodígios e da mão poderosa e do braço estendido com que o Senhor teu Deus te tirou para fora: o mesmo fará ele a todos os povos que temes. Além disso o Senhor teu Deus mandará vespas contra eles, até destruir e exterminar todos os que tiverem fugido ou tiverem podido esconder-se.

Não os temerás, porque o Senhor teu Deus está no meio de ti. Deus grande e terrível. Ele mesmo destruirá estas nações diante de ti pouco a pouco, e por partes. Tu não as poderás destruir a um tempo, a fim de que se não multipliquem contra ti as feras da terra. E o Senhor teu Deus os dará em teu poder, e os fará morrer até que todos sejam destruídos. E entregará nas tuas mãos os seus reis, e farás perecer os seus nomes de debaixo do céu. Ninguém te poderá resistir, até que os tenhas reduzido a pó. Queimarás no fogo as suas esculturas; não cobiçarás a prata nem o ouro de que são feitas, nem delas tomarás nada para ti, para que não tropeces, visto serem a abominação do Senhor teu Deus. E não levarás para a tua casa coisa alguma de ídolo, para que te não tornes anátema, como ele o é. Detestá-lo-ás como imundície, e abominá-lo-ás como coisa imunda e sórdida, porque é um anátema.

8 Tem muito cuidado em observar todos os preceitos que eu hoje prescrevo para que possais viver, e multiplicar-vos, e, tendo entrado, possuais a terra pela qual o Senhor jurou a vossos pais. E recordar-te-ás de todo o caminho por onde o Senhor teu Deus te conduziu pelo deserto durante quarenta anos, para te castigar, e para te provar, e para que tornasse manifesto o que estava dentro de teu coração, se guardarás ou não os seus mandamentos. Afligiu-te com a fome, e deu-te por sustento o maná, que tu desconhecias e teus pais, para te mostrar que o homem não vive só do pão, mas de toda a palavra que sai da boca de Deus. O teu vestido, com que te cobrias, não chegou a gastar-se com a velhice, e o teu pé não foi magoado, e este é o quadragésimo ano. Para que reconheças no teu coração, que do mesmo modo que um homem instrui seu filho, assim o Senhor teu Deus te instruiu a ti, para que guardes os mandamentos do Senhor teu Deus, e andes nos seus caminhos e o temas."

Deuteronômio, 7-8, *Bíblia sagrada.* 9ª ed. São Paulo, Paulinas, 1955, p. 207-208. (Trad. Pe. Matos Soares.)

A cosmovisão grega

Do outro lado do Mediterrâneo, na Grécia, surgia de um pequeno agrupamento humano uma outra importante cultura e que também elaborara todo um sistema teórico de interpretação do real e da existência do homem. Não se julgava ligado a nenhum Deus pessoal, o universo se explicava, sim, por um princípio puramente racional, por um *logos*; os homens, naquilo que lhes é específico, são assim por "participarem" desse *logos*. Cada homem responde individualmente por seu destino e por seu agir nesta terra, devendo, pois, adequar-se o mais possível às exigências do *logos*, agindo assim sempre racionalmente, o que implica apoiar-se cada vez mais na sua *alma*, o corpo sendo apenas um obstáculo ao pleno desenvolvimento da alma.

Ao contrário dos judeus, os gregos: 1. privilegiavam a estabilidade, a permanência, já que o *logos* é sempre idêntico a si mesmo, imune ao tempo — desconheciam assim a historicidade; 2. valorizavam o individual, a "salvação" sendo uma responsabilidade exclusiva de cada homem; 3. enfatizavam o dualismo do ser humano, contrapondo matéria e espírito, corpo e alma, a "salvação" interessando apenas à alma; 4. o princípio divino é uma entidade totalmente impessoal; 5. o todo é visto sob a unidade do princípio fundador, que é uno.

A cosmovisão grega se expressa bem no fragmento que se segue, de autoria de Anaxágoras, pensador pré-socrático que viveu de 500 a 428 a.C., em Atenas. O jeito de pensar e de falar do "espírito" é bem diferente daquele do autor bíblico: o espírito é como se fosse um princípio, racional e impessoal.

"11 — Em cada coisa, há uma porção de cada coisa, exceto no Espírito; em algumas, contudo, também há Espírito.

12 — Todas as outras coisas participam de todas as coisas; o Espírito, contudo, é ilimitado e autônomo, com nada misturado, mas só, por si e para si. Pois se não fosse para si mesmo e se estivesse misturado com qualquer outra coisa, participaria de todas as coisas, desde que estivesse misturado a qualquer uma delas. Porque em todas as coisas há uma parte de todas as coisas, como foi dito por mim no que precede; e o que lhe estaria misturado impediria qualquer poder sobre toda coisa, assim como tem agora sendo só para si. Pois é a mais fina de todas as coisas e a mais pura e tem todo conhecimento de todas as coisas e a maior força. E o Espírito tem poder sobre todas as coisas que têm alma, tanto as maiores como as menores. Também sobre toda a revolução tem o Espírito poder, e foi ele quem deu o impulso a esta revolução. E esta revolução moveu-se em um pequeno começo; agora estende-se mais e estender-se-á ainda mais. E todas as coisas que com ela se misturaram, se separaram e se distinguiram, são conhecidas pelo Espírito. E o Espírito ordenou todas as coisas, como deveriam ser e como eram e agora não são, e as que são e como serão; e também a esta revolução na qual se movem agora as estrelas e o Sol e a Lua e o ar e o éter, que estão separados. E esta mesma revolução operou a separação. E do ralo separou-se o denso, o quente do frio, o luminoso do escuro, o seco do úmido. E há muitas partes de muitas coisas. Mas nenhuma coisa é completamente separada ou distinta de nenhuma outra coisa, exceto o Espírito. O Espírito é sempre o mesmo, tanto o maior como o menor. Ao passo que nenhuma outra coisa é semelhante a outra coisa, mas cada coisa singular é e era manifestamente aquilo que mais contém.

13 — E quando o Espírito começou o movimento, separou-se de tudo o que era posto em movimento; e tudo o que o Espírito pôs em movimento foi separado. E quando as coisas foram postas em movimento e separadas, a revolução separou-as ainda mais umas das outras.

14 — O Espírito, que é eterno, é certamente também agora, lá, onde é toda outra coisa, na massa circundante, e naquilo que foi por separação unido a ela, e no separado."

Fragmentos 11-14. In: Gerd A. Bornheim (org.) *Os filósofos pré-socráticos.* 3. ed. São Paulo, Cultrix, 1977, p. 95-96. (Trad. Gerd A. Bornheim.)

O encontro dessas duas cosmovisões no Cristianismo

Essas duas concepções de mundo, que durante séculos se desenvolveram isoladas, se encontraram e se confrontaram graças à expansão do Império Romano. O cristianismo vai então entrar em cena como sua síntese cultural. Originando-se como um movimento social e religioso enquanto dissidência do judaísmo, vai incorporando os princípios fundamentais do pensamento grego, nos seus elementos gerais: o *helenismo*. É através do cristianismo que esses princípios serão legados ao Ocidente, marcando-lhe as feições. De meu ponto de vista, a impregnação dos princípios filosóficos gregos no cristianismo foi profunda e radical, prevalecendo de maneira expressiva sobre os princípios teológicos judaicos. Toda a história da filosofia e da teologia no Ocidente, a partir da constituição do cristianismo, só faz comprovar esse movimento contínuo de helenização do judaísmo. Não é, pois, sem razão que se pode afirmar que o Ocidente é filho do racionalismo grego.

O próprio Novo Testamento já testemunha essa transformação. Mas foi sobretudo São Paulo, judeu formado no espírito do helenismo e que foi o grande organizador da Igreja primitiva, quem consolidou o espírito grego no seio do próprio cristianismo. Na sua postura apostólica, na sua atividade pastoral, buscando atingir e convencer os "gentios", é levado a incorporar cada vez mais elementos helênicos na sua doutrina, fundindo-os harmoniosamente com pontos básicos do judaísmo: Deus criador e salvador dos homens, através de Cristo, o verdadeiro Messias.

Vejamos agora como a visão cristã, expressa na Introdução do Evangelho de São João, já soa helenizada e sintetiza bem, unindo-os intimamente, elementos do judaísmo e do helenismo.

"1 No princípio era a Verbo, e o Verbo estava em Deus, e o Verbo era Deus. Ele estava no princípio em Deus. Todas as coisas foram feitas por ele, e nada do que foi feito, foi feito sem ele. Nele estava a vida, e a vida era a luz dos homens. E a luz resplandece nas trevas, e as trevas não a compreenderam.

Houve um homem enviado por Deus, que se chamava João. Este veio por testemunha, para dar testemunho da luz, a fim de que todos cressem por meio dele. Ele não era a luz, mas era para dar testemunho da luz: *(O Verbo)* era a luz verdadeira, que ilumina todo o homem que vem a este mundo. Estava no mundo, e o mundo foi feito por ele, e o mundo não o conheceu. Veio para o que era seu, e os seus não o receberam. Mas a todos os que o receberam, deu poder de se tornarem filhos de Deus, àqueles que crêem no seu nome; os quais não nasceram do sangue, nem da vontade da carne, nem da vontade do homem, mas de Deus *(pela graça).*

E *(para isso)* o Verbo se fêz carne e habitou entre nós; e nós vimos a sua glória, glória como de *(Filho)* Unigênito do Pai, cheio de graça e de verdade. João dá testemunho dele e clama, dizendo: Este era aquele de quem eu disse: O que há de vir depois de mim, é mais do que eu: porque era antes de mim. E todos nós participamos da sua plenitude, e *(recebemos)* graça sobre graça; porque a lei foi dada por Moisés, *(mas)* a graça e a verdade foi trazida por Jesus Cristo. Ninguém jamais viu a Deus; o *(Filho)* Unigênito, que está no seio do Pai, ele mesmo é que o deu a conhecer *(aos homens)."*

Evangelho de São João, 1. 1-18. *Bíblia Sagrada.* 9. ed. São Paulo, Paulinas, 1955, p. 1283-1284. (Trad. Pe. Matos Soares.)

Nos primeiros quatro séculos de nossa era, a tarefa dos padres da Igreja foi justamente a de sistematizar e organizar a doutrina cristã para divulgá-la aos habitantes do Império Romano. Precisavam marcar sua identidade frente ao paganismo romano mas também frente ao pensamento grego; contudo, ao mesmo tempo, era necessário elaborar um discurso acessível a essa população de "gentios", uma vez que o cristianismo visava ultrapassar o mundo judeu.

Após o fim do Império Romano, com a doutrina já consolidada, a tarefa que se impunha então era não só a evangelização mas até mesmo a educação dos novos "bárbaros", vindos do Norte da Europa, invadindo o seu território. Os teólogos da Igreja continuariam assim a desenvolver a doutrina cristã ao mesmo tempo em que construíam um método pedagógico para "civilizar" essas populações. Tanto para um como para outro objetivo, é novamente o pensamento grego que servirá de base. Tal é o sentido do trabalho desenvolvido pela Igreja na Idade Média. E o fato de a Igreja ter seguido esse caminho, ter se apoiado, agora explicitamente, na filosofia grega, serve para comprovar a afinidade das concepções básicas do cristianismo com aquelas do pensamento grego.

Nessa reelaboração, dois pensadores medievais cristãos tiveram papel de destaque: santo Agostinho e santo Tomás de Aquino. O primeiro compatibilizando a teologia e a ética cristãs com a filosofia platônica; o segundo fazendo o mesmo com a filosofia aristotélica. Em ambos os casos salvaguardando os princípios básicos da herança judaica.

Todo o pensamento moderno procede da cosmovisão grega...

Os elementos fundamentais do modo de pensar grego se incorporaram definitivamente ao pensamento ocidental, permanecendo até hoje. Assim, no Renascimento há uma crítica ao pensamento medieval, à escolástica e, aparentemente, à filosofia aristotélico-tomista que a fundamentava. Mas isso é só aparência. Na realidade, a crítica renascentista era uma retomada ainda mais apurada do *naturalismo* e do *racionalismo* dos gregos, livrando-os dos elementos metafísicos e teológicos que ainda os limitavam. A força desse movimento é tão grande que o próprio *protestantismo*, ao pleitear o livre exame da consciência, nada mais fazia do que reforçar o racionalismo e o individualismo. Mas, de modo particular, a *ciência* é fruto acabado do naturalismo e do racionalismo gregos. Ela surge em decorrência direta da convicção dos pensadores modernos de que o mundo constituído de acordo com leis racionais, "geometricamente", pode ser perfeitamente lido e manipulado pela razão humana, mediante um atento trabalho de observação e de raciocínio matemático, sem ter que se recorrer a qualquer outro tipo de ajuda ou de inspiração.

Sobre essa influência profunda do pensamento grego na formação do pensamento moderno, voltaremos a tratar, de maneira mais aprofundada, nos capítulos 7 e 8. Por enquanto, estou apenas adiantando o quanto a revolução científica da época moderna, que fundava o projeto iluminista da cultura ocidental, com suas conseqüências tecnológicas e sociais, é toda baseada na reafirmação dos pressupostos do pensamento filosófico grego.

O próprio capitalismo é fundado nesse racionalismo

Por outro lado, o modo de formação econômico-social, tal qual se dá sob o *capitalismo moderno*, também está relacionado com essa visão de mundo que, por sua vez, já é também um reflexo das forças econômicas e sociais relacionadas com a produção que estiveram atuando na constituição da sociedade ocidental, dando-lhe sua configuração. O capitalismo é o modo de produção que encontra no naturalismo e no racionalismo não só sua expressão epistemológica como também a sua justificação ideológica. Por isso, nunca fomos tão gregos como atualmente...

Como teremos a oportunidade de constatar na análise de vários aspectos da realidade sociocultural do Ocidente, mesmo na sua atualidade, nossas concepções de mundo continuam profundamente marcadas pelos pressupostos da filosofia grega. E isso explica muitas coisas...

Esclarecendo alguns conceitos

Cosmovisão: trata-se do conjunto de concepções, intuitivas e espontâneas, de acordo com as quais uma pessoa ou um grupo social pensam a sua própria realidade, a sua época e a sua existência em geral. É o conjunto mais ou menos articulado das idéias presentes e vigentes numa determinada sociedade ou implícitas numa teoria sistematizada.

Ideologia: é igualmente um conjunto de representações, idéias, conceitos e valores, mediante os quais as pessoas ou grupos acreditam estar conhecendo e avaliando todos os aspectos da realidade. O caráter ideológico dessas representações vem do fato de que elas atuam mascarando, no plano subjetivo, o significado real objetivo desses aspectos, e isso em função de interesses de pessoas ou grupos particulares, que pretendem impor algum tipo de dominação. Nesse sentido, a ideologia é um falseamento da consciência, camuflando a objetividade das situações reais. Como toda produção da consciência, também a cosmovisão envolve elementos ideológicos, funcionando ideologicamente.

Escolástica: no seu sentido histórico, é a escola filosófica constituída na Idade Média, nas escolas eclesiásticas e nas universidades européias da época. Com conteúdo formado pela síntese das doutrinas platônico-aristotélicas com as doutrinas cristãs, caracteriza-se pelo desenvolvimento de uma metodologia de pensamento e por uma pedagogia fundadas na lógica formal de Aristóteles. O seu caráter formalista, repetitivo, verbalista e a sua tendência ao dogmatismo acabaram por dar ao termo um sentido pejorativo.

Questões para discussão

• Procure, nos textos de história, maiores detalhes sobre as características culturais do judaísmo, do helenismo e do cristianismo antigo.

• Como a cultura judaica expõe sua cosmovisão?

• Por que os filósofos gregos assumiam uma concepção dualista do ser humano?

• Como a Igreja Católica procedeu na Idade Média para "educar" a população européia?

Capítulo 4

A expressão cultural da filosofia no Ocidente

O objetivo deste capítulo é apresentar, sinoticamente, os resultados desse grande esforço da consciência racional enquanto assumindo formas culturais de pensamento objetivado que expressam os sistemas de explicação que foram sendo elaborados pelos filósofos.

Não se trata de fazer uma *história da filosofia*, mas tão-somente de dar uma visualização de suas grandes articulações, destacando os momentos mais significativos que se desdobraram articuladamente com os vários momentos históricos.

Este acervo dos "produtos culturais da filosofia", no que diz respeito à história do Ocidente, se encontra consolidado, objetivado nas obras escritas dos filósofos e pensadores, sob formas variadas de teorias, doutrinas, sistemas, nem sempre em obras específicas de filosofia, e se expressando sob os mais diferentes gêneros literários. Não é sempre que o pensar filosófico se expressa explicitamente; muitas vezes ele se encontra implícito. Subjacente a outras formas de expressão cultural — obras artísticas, textos religiosos, mitos, romances, textos científicos, códigos, legislações etc. — exigindo, para ser apreendido, um cuidadoso trabalho de exegese e de interpretação.

Este capítulo é, na realidade, uma exposição e um desdobramento do quadro sinótico da filosofia ocidental que o acompanha. E é como tal que ele deve ser abordado. Com efeito, as informações nele fornecidas têm por objetivo situar as várias expressões filosóficas no contexto histórico do Ocidente, com o intuito de familiarizar o aluno com o dado cultural da filosofia. Por isso, o capítulo deve ser considerado como um texto de referência, a ser reiteradamente consultado. Não se faz necessário, pois, que se exija o domínio exaustivo dessas informações, até porque muitas delas serão retomadas nos capítulos seguintes.

Assim sendo, o texto pode ser trabalhado da seguinte forma: fazer uma primeira leitura corrente do texto para se ter uma visão de conjunto da evolução da filosofia; fazer uma segunda leitura, acompanhando e relacionando as várias etapas dessa evolução com os elementos constantes do quadro sinótico; fazer uma terceira leitura relacionando agora os grandes momentos da filosofia com os dados da história ocidental, buscando articular as manifestações filosóficas com os eventos históricos que o aluno estuda nas outras disciplinas de seu curso.

A filosofia nasce na Grécia, no século V a.C., com os filósofos pré-socráticos procurando encontrar o princípio do universo e com os sofistas praticando a retórica...

A atividade filosófica enquanto abordagem racional surge no contexto cultural grego se expressando inicialmente como tentativa de explicar a realidade do mundo sem recorrer à mitologia e à religião. É o período dos chamados *filósofos pré-socráticos*, de cujas obras nos restaram apenas alguns fragmentos.

Dentre esses filósofos, alguns vão explicar o mundo apelando para uma *arqué*, ou seja, o elemento constitutivo básico do qual a totalidade do universo seria constituída. Note-se que a grande preocupação é que haja um *princípio ordenador*, que dê ordem ao universo. Esses filósofos são chamados de *fisiólogos*, pois buscam explicar a *fisis*, a natureza material. Assim, para *Anaxágoras*, o elemento primordial são as *sementes* que se encontram misturadas no *caos* e são, em seguida, ordenadas pela Inteligência, formando o *cosmos*; já para *Anaximandro*, esse princípio é o *infinito*; para *Anaxímenes*, é o *ar*; para *Tales de Mileto*, a *água*; para *Heráclito*, o *fogo*; para *Parmênides*, é o *ser*; para *Empédocles* são quatro elementos em combinação: a *terra*, a *água*, o *ar* e o *fogo*; para *Demócrito*, era o *átomo*; e para *Pitágoras*, o *número*.

Um outro grupo de filósofos pré-socráticos já tinha uma preocupação mais voltada para a vida dos homens. Foram os chamados *sofistas*, porque eram professores ambulantes de retórica e oratória e foram acusados de estarem mais interessados em convencer pela persuasão, com sacrifício até da verdade, do que pela demonstração rigorosa da mesma. Entre os sofistas se destacaram *Górgias*, que era cético, achando que não se pode conhecer a verdade, e *Protágoras* que entendia ser o homem a medida de todas as coisas, todo conhecimento dependendo de cada indivíduo que conhece, não se podendo chegar, pois, a uma verdade universal.

Sócrates, Platão e Aristóteles são os pensadores clássicos da Grécia dos séculos V e IV a.C. e que constituíram a filosofia como metafísica, fornecendo os alicerces de toda a tradição filosófica do Ocidente

Retomam as preocupações de seus antecessores, criticando severamente os sofistas. São os primeiros filósofos a criarem sistemas mais completos de filosofia, instaurando-a como metafísica.

Sócrates é um "educador dos homens" e acredita que a verdade existe e pode ser conhecida desde que se proceda a uma interrogação metódica, através do processo que chama de *maiêutica*, arte de partejar idéias verdadeiras. E o homem, conhecendo a verdade, pode agir moralmente bem se estiver de acordo com ela. Essa sua posição é o chamado *intelectualismo moral*, de acordo com o qual basta o homem conhecer o bem para praticá-lo.

Platão, discípulo de Sócrates, desenvolve um sistema filosófico completo. Para ele, as coisas concretas deste mundo nada mais são do que sombras, cópias imperfeitas de modelos perfeitos e únicos, as *Idéias*, que existem eternamente num mundo à parte, superior, o *Mundo das Idéias*. Como nossa alma, que é inteligente, partícipe do *logos*, conviveu com essas Idéias antes de se encarnar, ela pode conhecer as coisas deste mundo, reconhecendo por lembrança, por *reminiscência*, a Idéia que elas realizam imperfeitamente. O objetivo de toda filosofia e de toda a educação é desenvolver um esforço dialético no sentido de se elevar da visão das coisas terrenas, concretas e mutáveis, à contemplação das Idéias. A contemplação das Idéias fornecerá também critérios para o agir moral dos indivíduos e para a organização da vida em sociedade.

Aristóteles, discípulo de Platão mas aluno crítico, não concorda com esse idealismo exagerado de seu mestre. Para ele, de fato, todo ser concreto é a realização de uma essência, mas essa essência está presente em cada indivíduo em particular, desaparecendo com a morte desse indivíduo. Ela é a mesma em todos os indivíduos de uma mesma espécie porque todos são formados por dois co-princípios básicos: a *matéria-prima* e a *forma específica*, que, unidos, formam a *substância* do ser. Quando o indivíduo morre, dá-se a separação desses co-princípios, que não subsistem isolados. Não existe, assim, um modelo prototípico ideal, como defendia Platão: apenas o *conceito*, que representa a substância, é universal. Por isso mesmo, o saber deve ser constituído pelo *processo de abstração*, o intelecto humano sendo capaz de ir apreendendo, a partir da experiência sensível, a essência das coisas mediante os *conceitos universais*.

Os romanos entram em cena e a filosofia grega se expõe a um mundo cosmopolita e se envolve com o cristianismo nos séculos III a.C. a III d.C.

A filosofia dos três grandes filósofos representou o apogeu da filosofia grega. Nos últimos séculos antes de nossa era e nos primeiros séculos da era cristã (de 300 a.C. a 300 d.C.), aparece no cenário histórico o povo romano. Os romanos conquistam militarmente e organizam política e administrativamente todos os "países" da bacia do Mediterrâneo. Eles se apropriaram da cultura grega e a expandiram por todo o seu vasto império. É o período do *helenismo*. Só que, nesse processo de expansão e de ampla divulgação, a filosofia acaba se dissipando em pequenas escolas, perdendo a força das grandes sínteses. As condições de vida e da cultura não lhe são propícias. Surgem assim pequenas escolas filosóficas, tais como: o *estoicismo*, cuja maior preocupação é com a ética, que concebe fundada na harmonia e no equilíbrio dos elementos éticos, de modo análogo ao que ocorre com o cosmos, harmonizado pelo *logos*; o *epicurismo*, também preocupado com o viver humano, defende uma ética fundada no prazer, considerado o bem autêntico; o *ceticismo*, escola filosófica que acha impossível o conhecimento da verdade, sendo inútil tentar encontrá-la. Destaca-se ainda nesse período um outro importante filósofo, *Plotino*, seguidor de Platão, sendo o seu pensamento conhecido como o *neoplatonismo*.

É nesse contexto helenístico, universalizado pela ação político-administrativa dos romanos, que a filosofia grega vai se encontrar com o *cristianismo*. Desde o início da era cristã, pensadores ligados à nova religião estudam o pensamento dos gregos e estabelecem relações com ele, incorporando alguns elementos e rejeitando outros. Inicia-se então um grande processo de simbiose que vai durar séculos! Na realidade, como vimos no capítulo anterior, nesse processo que se inicia com São Paulo, no século I, e culmina com Santo Tomás de Aquino, no século XIII, o racionalismo grego leva a melhor sobre a mística judaica, fonte originária do cristianismo.

Assim, já os primeiros *padres da Igreja* (Santo Irineu, Tertuliano, Orígenes, Clemente de Alexandria), mas sobretudo *Santo Agostinho*, desenvolvem suas reflexões teológicas assumindo elementos da filosofia racionalista grega. Santo Agostinho apropria-se das inspirações de Platão, por intermédio do neoplatonismo, colocando, no entanto, no lugar do Mundo das Idéias, a consciência de Deus, que assume as qualidades e as prerrogativas da Idéia do Bem.

Na Idade Média, a filosofia grega é utilizada pela Igreja como base da pedagogia civilizadora dos povos bárbaros, a escolástica, nos séculos V a XIV.

Com a queda do Império Romano, sob o impacto da invasão dos povos vindos do Norte da Europa, a Igreja Católica assumiu a tarefa de civilizar e educar esses povos, assimilando-os à cultura greco-romana. Foi nesse clima que se formou a *escolástica*, método pedagógico por excelência, fundado na lógica aristotélica e que serviu tanto como instrumento de educação quanto como veículo de evangelização, cujo conteúdo era uma teologia vazada na filosofia neoplatônica, cristianizada por Santo Agostinho.

No final do primeiro milênio, graças às traduções que se faziam na Espanha, do árabe para o latim, de textos de física e de metafísica de Aristóteles — textos esses que ainda não haviam chegado ao Ocidente —, ocorrerá uma influência do naturalismo aristotélico concorrendo então com o idealismo platônico que dominava até esse momento. É a vez então da grande síntese que fará de Santo Tomás de Aquino o principal filósofo do período. Nessa mesma época, surgiam as primeiras universidades, verdadeiros centros de pesquisas e de estudos também em filosofia.

O *tomismo* representou uma tentativa de harmonizar as posições básicas do cristianismo com os pressupostos ontológicos do *aristotelismo*. Sem dúvida, isso provocou reações da parte dos pensadores/teólogos ligados à

Igreja, adeptos da fundamentação platônico-agostiniana. Santo Tomás de Aquino acabou prevalecendo, tendo conseguido com sua extensa obra fornecer fundamentos filosóficos aristotélicos para a teologia cristã. O tomismo foi então considerado a base filosófica da teologia da Igreja Católica.

O Renascimento promove uma volta direta à cultura grega, rejeitando as contribuições da Idade Média e inaugurando a era moderna: séculos XV a XVII.

O naturalismo aristotélico que Santo Tomás pôs à disposição dos pensadores ocidentais dos séculos XIV e XV foi, na realidade, um dos elementos substantivos para a revolução cultural e filosófica que iria ocorrer com o Renascimento. É que, no aristotelismo, a natureza para existir e funcionar prescindia da intervenção divina, sendo assim incompatível com a visão teocêntrica da Idade Média. Abriam-se assim as portas para o *cosmocentrismo* e para o *antropocentrismo*: os elementos centrais da realidade e, conseqüentemente, da reflexão filosófica são o mundo natural e o homem, e não mais Deus. A era moderna se caracterizará, com efeito, por desenvolver uma concepção na qual a natureza física e o homem ocuparão o centro.

Mas estavam influindo também outros elementos que atuam no contexto sociocultural dessa época e que ajudam a explicar as grandes transformações que ocorreram. Assim, é grande a contribuição que dará a *matemática árabe*, que é introduzida na Europa pelas invasões dos árabes na península ibérica. A matemática herdada da Grécia era muito limitada, com poucas possibilidades enquanto instrumental técnico-operativo e lógico; seu poder se multiplica com as contribuições da álgebra.

Ocorreu ainda uma grande transformação sócio-econômica: o *feudalismo* entrando em declínio e desenvolvendo-se o *mercantilismo* e o *colonialismo*. Esse desenvolvimento no plano econômico estimula inventos e descobertas no plano tecnológico, ampliando-se o poder de manipulação que o homem exercia sobre a natureza. Estavam lançadas as bases do *capitalismo*, que surgia como novo modo de organização da produção.

Por outro lado, houve significativas reformulações também no plano político, os príncipes começando a se unir à burguesia e a se opor ao poder centralizado dos reis e dos papas. Começaram a se formar as nações que se contrapunham aos grandes impérios. Cabe referir-se ainda às transformações que se deram na própria religião. A *Reforma Protestante* se insere nesse quadro de afirmação do racionalismo individualista.

A grande revolução cultural que deu início à época moderna é marcada assim, no plano filosófico, por um incisivo racionalismo e pelo naturalismo que se expressam: no âmbito econômico, pelo capitalismo; no âmbito religioso, pelo protestantismo; e no âmbito social, pelo individualismo burguês.

Estavam assim dadas as condições para o redimensionamento geral da perspectiva filosófica. Apesar das pretensões alardeadas pelos renascentistas, não havia como reproduzir a cultura grega, fazendo-a renascer. Na realidade, o que se retomou, com renovado vigor, foi o racionalismo naturalista grego, agora instrumentalizado à altura para possibilitar a superação da metafísica enquanto *ciência das essências*.

A era moderna elabora um grande projeto de revolução cultural: o projeto iluminista que se marca pela consolidação de uma filosofia racionalista e pelo surgimento da ciência (séculos XVII e XVIII)

A Idade Moderna se caracterizou no plano filosófico-cultural por um projeto iluminista: tudo o que se faz é feito com a convicção de que as luzes da razão natural iluminam os homens, eliminando as trevas da ignorância. Por meio dos conhecimentos obtidos racionalmente, os homens não apenas se esclarecerão individualmente como ainda poderão construir uma sociedade mais adequada e justa.

Esse projeto iluminista da filosofia, conduzido sob o mais exigente racionalismo, se iniciou por duas grandes vias. De um lado, praticando-se uma *filosofia crítica*, encarregada de superar a metafísica no plano teórico, mostrando a sua inviabilidade; de outro, criando uma nova forma de conhecimento, a *ciência*, que substituiria o saber das *essências* pelo saber dos *fenômenos*.

Assim, enquanto as preocupações da filosofia antiga e medieval eram *ontológicas*, as preocupações da filosofia moderna são *epistemológicas*, ou seja, tratava-se, antes de tudo, de avaliar qual a verdadeira capacidade de o homem conhecer a realidade que o circunda.

Duas foram as orientações pelas quais se expressou a nova postura crítica da filosofia: uma, a do *racionalismo idealista* que defendeu a posição de que o conhecimento verdadeiro só é possível na intuição intelectual que se dá no ato de reflexão, ou seja, no momento em que o sujeito pensante apreende seu próprio ato de pensar. É nesse momento que se tem a *evidência racional*, único critério capaz de garantir a certeza do conhecimento. Tomaram essa orientação *Descartes, Malebranche, Espinosa* e *Wolff*. Uma vez garantida a evidência, é até possível reconstruir a metafísica, uma metafísica idealista...

A outra orientação, assumida por pensadores como *Bacon, Locke, Berkeley* e *Hume*, consistiu, ao contrário, na defesa da posição segundo a qual o único conhecimento possível e válido é aquele que se tem por intermédio de idéias formadas a partir das impressões sensíveis. Trata-se de um racionalismo empirista.

Para além dessas orientações filosóficas, formou-se ainda um saber novo, a *ciência*. Tratava-se de um conhecimento diferente do conhecimento metafísico, pois, embora seja impossível à razão atingir a *essência* das coisas, ela pode atingir os *fenômenos* das mesmas, ou seja, sua manifestação empírica à consciência dos homens. Nomes como *Copérnico, Galileu, Kepler* e *Newton*, entre tantos outros, nos lembram pesquisadores trabalhando fora das universidades e produzindo novas explicações dos vários aspectos da natureza, mediante uma postura ao mesmo tempo teórica e prática. Adotam uma nova metodologia para seu conhecimento: um método simultaneamente matemático e experimental. Esse novo conhecimento, além de seu alcance explicativo, no plano teórico, revelava-se também muito fecundo pelo seu alcance técnico, no plano prático. Permitia ao homem construir equipamentos por meio dos quais se ampliava seu poder de manipulação do mundo.

No século XVIII, o *criticismo* de *Kant* representou a tentativa de sintetizar essas várias orientações e movimentos do iluminismo. Kant desenvolveu uma teoria do conhecimento tal que integrava aspectos do idealismo e do empirismo. Insistia em que o conhecimento pressupõe formas lógicas anteriores à experiência sensível, mas estas só exerciam alguma função se aplicadas sobre conteúdos empíricos fornecidos pela experiência.

Mas a síntese kantiana também se desdobrou, deixando uma dupla herança: uma que, via *Fichte, Schelling* e *Hegel*, voltou à metafísica idealista, priorizando novamente o sujeito e a intuição intelectual; a outra, priorizando o objeto e a experiência sensível, se desenvolve como uma justificativa epistemológica da ciência, sobretudo com *Comte*.

No século XIX, assistimos ao fecundo desdobramento da ciência, o surgimento de novas perspectivas filosóficas que lançam as raízes da filosofia contemporânea

O século XIX foi talvez o século mais fértil para a cultura filosófica, uma vez que ciência e filosofia adquiriram sua autonomia plena e grandes desdobramentos se dão em ambas as frentes.

No âmbito da ciência, três aspectos se destacam: 1. grande desenvolvimento das *ciências naturais*, sobretudo das ciências físico-químicas; 2. as *ciências biológicas* adquirem uma dimensão histórica em função da descoberta do caráter evolutivo da vida; e 3. formam-se as *ciências humanas* (psicologia, sociologia, economia, política, história, antropologia, geografia etc.) pela extensão do uso do método científico aos diversos aspectos da vida dos homens.

Essa fecundidade do conhecimento científico torna igualmente fecundo o *positivismo* que vai inspirar várias vertentes filosóficas que repercutiram no século XX: o *evolucionismo*, o *pragmatismo*, o *vitalismo* e o *cientificismo*.

Já no âmbito da filosofia, multiplicam-se as novas orientações: na linha do subjetivismo, surge a *fenomenologia* (Husserl, Scheler); a *genealogia* (Nietzsche); procurando unir a dialética hegeliana com o naturalismo, a sociologia e a economia, surge o *marxismo* (Feuerbach, Marx, Engels); buscando explorar a psicologia e o naturalismo, surge a *psicanálise* (Freud, Jung).

O século XX: acentua-se a preocupação com o conhecimento e com o sentido da existência do homem

O século XX foi e continua sendo um período marcado por conquistas, contradições e retrocessos em todos os planos. Duas guerras mundiais e centenas de conflitos bélicos regionais o abalaram diuturnamente. As conseqüências desses conflitos são cada vez mais desastrosas devido ao desenvolvimento e à sofisticação tecnológica dos armamentos. Os esforços diplomáticos não impedem os conflitos políticos e econômicos que opõem entre si as nações. Fortes ideologias provocam confrontos radicais: fascismo, nazismo, socialismo, capitalismo. Se o sistema colonial desmoronou, a exploração econômica dos países periféricos pelos países centrais se amplia e se aprofunda, dividindo os povos em ricos dominantes e pobres dominados. Ocorre um incontrolável desenvolvimento técnico-industrial que, ao mesmo tempo que resolve problemas básicos do homem, cria outros tantos novos, dos quais perde o controle.

A ciência está na base de toda essa revolução permanente em que se transformou a civilização ocidental no século XX. É o século da terceira revolução industrial, a da tecnologia eletrônica e da cibernética, pela qual os homens ampliam o poder do próprio cérebro.

No âmbito filosófico, ocorre também uma multiplicidade de manifestações. Sem dúvida, a ciência parece ser a principal preocupação da maioria dos filósofos. Assim, quase todas as tendências filosóficas contemporâneas dedicam espaço à discussão do conhecimento científico, de modo especial àquele relacionado com as ciências humanas.

Assim, é florescente a orientação *neopositivista* da filosofia que aborda especialmente o discurso da ciência como seu tema, tratando das questões formais da linguagem e da lógica utilizadas nesse discurso. Pensadores como *Carnap, Popper, Wittgenstein, Ayer, Russell*, entre outros, além de manterem um pressuposto cientificista de base — "só a ciência é conhecimento verdadeiro e válido" —, entendem que a única atividade especificamente filosófica é proceder à análise técnica e rigorosa da linguagem da ciência.

Mas uma outra tendência, também herdeira do positivismo, dedica-se à compreensão da atividade científica, embora se preocupando menos com seus aspectos formais. Trata-se do *racionalismo transpositivista* e é praticado no âmbito da reflexão filosófica iniciada por filósofos/cientistas como *Brunschvicg, Koyré, Poincaré, Meyerson, Piaget, Bachelard, Kuhn, Feyerabend*.

As preocupações relacionadas com o objeto e o método das ciências humanas provocaram a emergência de tendências filosóficas que desenvolvem reflexões tanto sobre os fundamentos epistemológicos como sobre o seu objeto. É o caso do *estruturalismo*, que se formou a partir da inspiração da metodologia das ciências semiológicas, especialmente da lingüística. Busca construir uma epistemologia válida para todo o campo das ciências humanas. Assim, *Lévi-Strauss* o aplica à antropologia e à etnologia; *Godelier*, à economia; *Lacan*, à psicologia; *Dumezil*, à história.

Atendo-se a uma tradição mais subjetivista, a *fenomenologia* se torna uma das importantes correntes da filosofia contemporânea que também lida com a questão do objeto e do método das ciências humanas e que vai servir de epistemologia para o *existencialismo*, corrente filosófica que se preocupa fundamentalmente com o sentido do existir humano. *Kierkegaard, Heidegger, Sartre, Merleau-Ponty* e *Ricoeur* são alguns de seus principais representantes.

As condições peculiares da existência humana, as contradições que a tornam extremamente vulnerável e contingente são o tema de outra tendência mais recente da filosofia contemporânea: a *arqueogenealogia* que, apoiando-se nas reflexões de Nietzsche e Freud, se expressa na atualidade através da obra de pensadores como *Foucault, Deleuze, Guattari, Maffesoli, Baudrillard...*

Já as condições objetivas da existência social do homem, no plano econômico e político, constituem a temática das tendências *marxistas* da filosofia contemporânea, cuja preocupação situa-se tanto no âmbito da teoria, buscando o sentido dialético da história, como naquele da prática, buscando reorientar os processos da transformação social e política das sociedades. *Gramsci, Althusser, Lukács, Goldmann, Schaff, Lefebvre* são alguns nomes da filosofia marxista.

Merece destaque ainda, no contexto dessas tendências, a que se poderia designar como a *dialética negativa*, que é a filosofia desenvolvida pela Escola de Frankfurt, cujos principais pensadores são *Adorno, Horkheimer, Benjamin* e *Habermas*. Sob inspiração do marxismo, do hegelianismo e da psicanálise, desenvolvem uma crítica ao projeto iluminista da modernidade, à instrumentalização da razão.

Por outro lado, no complexo tecido do pensamento filosófico contemporâneo, levando-se em conta a planetarização da cultura (viabilizada pelo intenso intercâmbio cultural), se fazem presentes muitas outras tendências filosóficas, oriundas das mais diferentes regiões do mundo, tais como as tendências de procedência oriental.

Além disso, sobrevivem em nossa atualidade, embora em círculos restritos, outras tantas tendências filosóficas mais antigas, como, por exemplo, o caso do tomismo, que se mantém tradicionalmente difuso na cultura católica e teorizado nos centros de investigação teológica da Igreja.

Referências bibliográficas

Há obras especiais destinadas à exposição geral das idéias filosóficas: são os textos de *História da Filosofia*. Em nosso contexto, já se encontram publicadas e acessíveis nas bibliotecas vários textos de *História da Filosofia* que poderão ser consultados com o intuito de aprofundamento dessas informações. Dentre eles, destaco os seguintes:

ABBAGNANO, Nicola. *História da Filosofia*. Lisboa, Presença, 1970, 14 vols.

ANDERY, M. Amália et alii. *Para compreender a ciência: uma perspectiva histórica*. São Paulo, EDUC-Espaço e Tempo, 1988.

BOCHENSKI, I. M. *A filosofia contemporânea ocidental*. São Paulo, Herder, 1962.

BRÉHIER, Émile. *História da Filosofia*. São Paulo, Mestre Jou, 1977, 8 vols.

CHÂTELET, François. *História da Filosofia: idéias e doutrinas*. Rio de Janeiro, Zahar, 1973, 8 vols.

HIRSCHBERGER, Johannes. *História da Filosofia*. São Paulo, Herder, 1967, 4 vols.

LARA, Tiago A. *Caminhos da razão no Ocidente; a filosofia ocidental, do Renascimento aos nossos dias*. Petrópolis, Vozes, 1986.

SCIACCA, Michele F. *História da Filosofia*. São Paulo, Mestre Jou, 1966, 3 vols.

Capítulo 5

A filosofia e seus modos de pensar

Vimos anteriormente que o conhecimento humano decorre de um impulso espontâneo e natural do homem e que se vincula ao mesmo impulso que o leva a agir. A atividade da consciência se inaugura e se constitui como impulso vital originário, fazendo corpo com o agir do homem. A partir dessa base, a atividade da consciência se expande cada vez mais, não apenas atuando como um instrumental de otimização das respostas às necessidades imediatas da ação mas sobretudo como mediação para a elaboração de uma "explicação" dos vários aspectos da realidade enfrentada pelo homem. Trata-se do desenvolvimento e da autonomização de uma força explicativa que busca estabelecer nexos e relações entre os objetos e situações de sua realidade, sendo que tais nexos têm para a consciência subjetiva uma *força compreensiva*, gerando-lhe um *sentido*. Por isso, o conhecimento, em linhas gerais, e nas suas mais variadas formas de expressão, pode ser definido como *o esforço do espírito humano para compreender a realidade, dando-lhe um sentido, uma significação, mediante o estabelecimento de nexos aptos a satisfazerem as exigências intrínsecas de sua subjetividade.*

É como forma peculiar desse esforço do espírito humano para compreender os vários aspectos da realidade com a qual o homem se envolve que podemos considerar a filosofia.

Mas tal esforço de compreensão da realidade em geral e da existência humana em particular não nasce assim de repente, de forma já plena de logicidade. Não há dúvida de que a explicação das coisas, na cultura ocidental, tem sempre a ver com o *logos* dos gregos! Mas essa explicação pelo *logos* não surge na Grécia assim plenamente amadurecida. Ela também possui uma gênese e passa por uma longa evolução, cujas raízes mergulham no próprio processo de constituição da consciência humana, no prolongamento do impulso vital, como vimos nos capítulos 1 e 2.

Mas a partir desse processo de expressão da consciência que a vai levando a buscar cada vez mais o sentido das coisas e, portanto, a desenvolver um pensamento que já traz implícito em si um sentido embrionário, é-nos possível resgatar algumas raízes profundas.

Do que as pesquisas antropológicas nos revelam, podemos saber que a forma mais ancestral de os homens buscarem com alguma sistematicidade a explicação, o sentido das coisas, foi o *mito*. O mito não é algo absurdo, irracional, pré-lógico, como se diz muitas vezes! Ao contrário, ele é a expressão de uma primeira tentativa da consciência humana — querendo se libertar cada vez mais das incumbências quase que instintivas de manutenção da vida — para "colocar ordem no mundo". Afinal, o mundo lhe parecia um tanto quanto caótico, sufocando os homens com sua magnitude, com sua bruta objetividade. Era preciso que tanta heterogeneidade, tanta multiplicidade, tanta "desordem" tivessem alguma ordenação! O mito é a primeira construção teórico-subjetiva do homem para pôr ordem nessa situação de aparente desordem.

O mito assume a forma de uma narrativa imaginária pela qual as várias culturas procuram explicar a origem do universo, seu funcionamento, a origem dos homens, o fundamento de seus costumes, apelando para entidades sobrenaturais, superiores aos homens, a forças e poderes misteriosos que definiram o seu destino.

Hoje, para nós, os mitos dos povos arcaicos nos parecem, à primeira vista, estórias lendárias e fantasiosas, sem muito nexo! Mas, na verdade, para aqueles povos, eles representavam uma explicação valiosa e satisfatória; satisfaziam a exigência que começavam a ter de compreender o sentido de sua própria existência.

Vejamos, a título de exemplo, uma narrativa mítica, extraída da *Teogonia*, de Hesíodo, poeta grego:

> "*Os deuses primordiais*
> Sim bem primeiro nasceu Caos, depois também
> Terra de amplo seio, de todos sede irresvalável sempre,
> dos imortais que têm a cabeça do Olimpo nevado,
> e Tártaro nevoento no fundo do chão de amplas vias,
> e Eros: o mais belo entre deuses imortais,   120

solta-membros, dos deuses todos e dos homens todos
ela doma no peito o espírito e a prudente vontade.

Do Caos Érebo e Noite negra nasceram.
Da Noite aliás Éter e Dia nasceram,
gerou-os fecundada unida a Érebo em amor.   125

Terra primeiro pariu igual a si mesma
Céu constelado, para cercá-la toda ao redor
e ser aos deuses venturosos sede irresvalável sempre.
Pariu altas Montanhas, belos abrigos das deusas
ninfas que moram nas montanhas frondosas.   130
E pariu a infecunda planície impetuosa de ondas
o Mar, sem o desejoso amor. Depois pariu
do coito com Céu: Oceano de fundos remoinhos
e Coios e Crios e Hipérion e Jápeto
e Téia e Réia e Têmis e Memória   135
e Febe de áurea coroa e Tétis amorosa.
E após com ótimas armas Cronos de curvo pensar,
filho o mais terrível: detestou o florescente pai.

Pariu ainda os Ciclopes de soberbo coração:
Trovão, Relâmpago e Arges de violento ânimo   140
que a Zeus deram o trovão e forjaram o raio.
Eles no mais eram comparáveis aos deuses,
único olho bem no meio repousava na fronte.
Ciclopes denominava-os o nome, porque neles
circular olho sozinho repousava na fronte.   145
Vigor, violência e engenho possuíam na ação.

Outros ainda da Terra e do Céu nasceram,
três filhos enormes, violentos, não nomeáveis.
Cotos, Briareu e Gigos, assombrosos filhos.
Deles, eram cem braços que saltavam dos ombros,   150
improximáveis; cabeças de cada um cinqüenta
brotavam dos ombros, sobre os grossos membros.
Vigor sem limite, poderoso na enorme forma."

Hesíodo. *Origem dos deuses: teogonia*. São Paulo, Roswitha Kempf Editores, 1984, p. 132-133. (Trad. Jaa Torrano.)

Por outro lado, os antropólogos de hoje são mais cautelosos em considerar como ilógicas, primitivas, as expressões do pensamento mítico. Lévi-Strauss tem demonstrado com suas pesquisas e estudos antropológicos que a humanidade sempre necessitou dessas modalidades explicativas e que não há diferenças de natureza e grau entre o pensamento "selvagem" dos povos que criaram o mito e o pensamento "domesticado" da cultura moderna. Apenas, a "lógica" do primeiro é uma "lógica do sensível" da qual foi se afastando o segundo, operando uma separação indevida.

No prolongamento do mito, vamos assistir, ainda na história de nossa cultura, ao surgimento da *forma religiosa* de explicar a existência da natureza e da humanidade. Sempre na mesma linha de trazer uma explicação, de dar um sentido às coisas e ao agir dos homens, a *religião* introduz mais nitidez, mais compreensibilidade, ao atribuir a um Deus pessoal e inteligente a criação e o governo do universo. A criação, pela subjetividade humana, de uma divindade inteligente e poderosa é um recurso da ascendente consciência para ampliar sua capacidade de explicação e de compreensão da realidade natural e humana.

Considera-se que as fases das consciências mítica e religiosa são ainda pré-filosóficas e que, justamente, a *filosofia* surgiu na Grécia antiga, quando a consciência humana pretendeu explicar as coisas sem recorrer a entidades sobrenaturais, a forças superiores e personalizadas. A tentativa agora era a de continuar procurando a explicação e o sentido das coisas mas sem sair de seu próprio interior. Tratava-se de dar conta da natureza, de um fundamento que a ordenasse, mas sem duplicá-la, criando-se um mundo de ordem sacral. É o momento então que a consciência se assume plenamente como razão lógica, se identifica como *logos* e passa a entender que toda a realidade é possuída e ordenada por esse mesmo *logos*.

É nesse ambiente que nasce na Grécia a filosofia ocidental, como a entendemos até hoje em nossa cultura. Essa nova abordagem da realidade, do universo e da vida humana tem suas primeiras formas de expressão no século VI antes de nossa era, com os chamados *filósofos pré-socráticos*. Com efeito, o que esses pensadores fizeram, após renegar as explicações míticas e religiosas vigentes na cultura grega, foi buscar um elemento natural, fundante, ordenador, unificador, que desse conta da ordem do mundo. Tentaram mostrar que o *cosmos* deixara de ser *caos* em decorrência da presença e da atuação de um princípio fundador, a *arqué*, feita da mesma natureza e que nada tinha a ver com qualquer entidade humana ou divina.

Desde então a cultura ocidental nunca mais abandonou a busca incessante por um princípio lógico que desse conta do modo de ser da realidade e, quanto a isso, *a história de nossa cultura se confunde com a história da filosofia...*

Neste capítulo, vou explicitar as grandes articulações da filosofia na história de nossa cultura, procurando mostrar como foram se constituindo e se desenvolvendo os vários modos pelos quais essa nova forma de pensar o mundo foi se expressando no seu espaço/tempo.

Estarei mostrando que a visão de conjunto da história da cultura e da filosofia nos levam a constatar que, tendo aprendido a pensar com os gregos, os filósofos do Ocidente vão desenvolver três formas, três perspectivas diferentes de aplicar sua atividade racional. São três grandes ângulos sob os quais se busca apreender o sentido das coisas: a perspectiva metafísica, a perspectiva científica e a perspectiva dialética.

Com efeito, tendo superado as abordagens mítica e religiosa, a consciência filosófica se constitui inicialmente como *pensamento metafísico*. É o *modo metafísico de pensar* que nos ensinam, logo de início, Parmênides, Sócrates, Platão e Aristóteles... Mas o que quer dizer *pensar metafisicamente*?

A palavra *metafísica* significa simplesmente "aquilo que vem depois da física" e foi usada, na origem, apenas para designar as obras de Aristóteles que se seguiram a sua obra sobre a *Física*, que era o estudo que Aristóteles fizera da natureza! Mas logo o sentido se adensou e passou a expressar aquele conhecimento diferente do conhecimento da física, aquele tipo de conhecimento que se situaria para além do conhecimento fornecido pela física. Ou, falando contemporaneamente, além do conhecimento fornecido pela ciência.

Essas referências nos ajudam a entender melhor a questão, mas não a esgotam, porque o principal mesmo é ver como procede e o que pretende, positivamente, essa forma de conhecimento.

Não é o caso de responder agora a essa questão, uma vez que ela será retomada e desenvolvida no capítulo 6. Por enquanto, digo apenas que, do ponto de vista metafísico, pretende-se alcançar através do conhecimento a própria essência das coisas, assumindo-se a posição de que a razão humana é capaz de atingir o núcleo de todos os objetos, de saber o que de fato eles são em si mesmos. Dessa forma, poderíamos construir um sistema de conceitos que representaria o mundo tal qual ele é.

Mas ocorre uma revolução epistemológica e surge um novo modo de pensar no Ocidente...

Só que, lá por volta de 1400, o modo metafísico de pensar começa a ser seriamente questionado... pela mesma consciência racional que até então se dedicara a ele!!! Uma série de razões de ordem econômica, política e cultural está à base desse questionamento. É que a explicação metafísica tornara-se insatisfatória para a consciência filosófica que vai emergindo no início da era moderna. Na realidade, a cultura ocidental, em decorrência de todo o desenvolvimento econômico e social da Europa, coloca à disposição dos homens muitos outros instrumentos e recursos que lhes permitem ir além das conclusões metafísicas.

E a revolução que vai ocorrer é fundamentalmente uma revolução *epistemológica*. Tudo começa com a insatisfação de novos pensadores com as explicações trazidas pela metafísica, a essa altura ainda compromissada com a teologia cristã! Começa a se questionar a tutela que a teologia exercia sobre a filosofia e a idéia de que a razão natural dos homens ficava na dependência da graça divina e devia ser orientada e corrigida pela fé. É claro que tudo isso tinha a ver também com o ordenamento sócio-político da época, com as complicadas relações entre a Igreja e os Estados, que também então começavam a se constituir!

Mas os conflitos se expressam ainda no plano filosófico. E começa a haver então uma crítica cerrada à filosofia medieval, considerada pura metafísica. Os filósofos modernos esforçam-se para encontrar novas formas de exercer a reflexão filosófica, estimulados pela nova postura de outro grupo de pensadores, os *cientistas*, que apresentavam uma nova forma de representação do mundo. Assim, ao mesmo tempo em que se assiste ao nascimento da ciência como nova forma de conhecimento do mundo, ocorre também uma modificação na maneira de se conduzir a reflexão filosófica.

A postura dos filósofos modernos parte de um questionamento do poder da razão. Com efeito, na Idade Média européia, devido à grande influência da teologia cristã na cultura, Deus ocupava um lugar central em todo o sistema explicativo do real. É por isso que se dizia que predominava o *teocentrismo* na filosofia medieval. Já na Idade Moderna, em decorrência de todas as grandes transformações econômicas, sociais e culturais ocorridas, era o homem que passava a ocupar o centro do universo e do sistema filosófico. Era então um período dominado pelo *antropocentrismo*. O homem, achando-se então mais autônomo em relação a Deus, sentia-se igualmente menos temeroso em relação ao mundo que passava a considerar como uma realidade meramente natural. E desse mundo natural o homem também fazia parte, sendo aliás sua parte principal. Essa "independência" em relação à figura de Deus tinha lá suas vantagens mas também suas desvantagens: de um lado, o homem passava a se valorizar mais, a dominar a natureza e a enfrentar os seus problemas com mais objetividade e menos fantasias. Veja-se que essa postura era imprescindível, para citar apenas dois exemplos, para o desenvolvimento da técnica e da medicina. Na cosmovisão cristã medieval nem o mundo material nem o corpo humano podiam ser manipulados porque eles eram considerados como receptáculos de Deus, merecendo assim absoluto respeito. As desvantagens vinham no plano da própria consciência. Iluminada pela fé, a razão medieval tinha muita segurança e tranqüilidade, pois estava certa de que poderia sempre conhecer a verdade, uma vez que tinha sempre à sua disposição o auxílio esclarecedor da revelação divina, mediada pelos textos bíblicos e pelo magistério da Igreja. Agora a razão natural era autônoma, mas também estava sozinha... Não tinha mais a quem recorrer no caso de suas dúvidas e inseguranças. Ela contava apenas com seus próprios recursos naturais.

Os filósofos modernos, apoiando-se apenas na razão natural, logo perceberam que os metafísicos eram muito pretensiosos e que, de fato, não era possível apreender as essências das coisas pelo conhecimento! Não existia nenhuma harmonia entre nossa inteligência e a essência do real como acreditavam os metafísicos. Era uma ilusão pensar assim, nada autorizava os metafísicos a darem esse passo!

E ao examinarem o efetivo poder do sujeito, enquanto razão natural, os filósofos vão se dar conta de que o sujeito que conhece dispõe apenas de dois caminhos para a construção de seu saber. E esses dois caminhos é que vão definir as duas novas orientações que a filosofia moderna assumiu ao criticar e tentar superar a metafísica.

Em síntese, o racionalismo na Idade Moderna, ao contrário do que fizera na Idade Média e na Antiguidade, se desenvolveu mostrando que o sujeito não consegue, de fato, apreender o objeto em sua eventual essencialidade. Com efeito, ou ele se limita a conhecer-se a si mesmo ou a conhecer apenas o *mundo fenomenal*. No primeiro caso, tivemos a perspectiva do *subjetivismo idealista*, e, no segundo, a perspectiva do *cientificismo positivista*. Assim, a Idade Moderna, fazendo ciência ou fazendo filosofia, desenvolveu, num clima *iluminista*, um projeto de conhecimento diferente. Sem dúvida, seu produto principal foi mesmo a ciência, a grande responsável pela nova perspectiva epistemológica da modernidade, uma vez que o subjetivismo idealista ainda recaía, o mais das vezes, na postura metafísica.

Também a respeito da ciência, voltarei a falar nos capítulos 7 e 8, dada sua grande importância no cenário histórico-cultural e filosófico do

Ocidente. No momento cabe adiantar que a ciência reinou soberana nos últimos dois séculos, inclusive em se tratando do homem. As ciências humanas se desenvolveram de maneira impressionante, trazendo grande contribuição para a constituição do sentido da existência do homem.

Mas também a visão científica da realidade foi questionada...

A busca do sentido das coisas, o esforço de compreensão da realidade não terminou com a ciência, apesar de toda a contribuição que o conhecimento científico trouxe para a cultura humana! Assim, desde a metade do século passado, uma nova perspectiva filosófica vem se constituindo como uma tentativa de retomada, de negação e de superação tanto da perspectiva metafísica como da perspectiva científica: ela está tentando praticar uma nova forma de abordagem das coisas, adotando uma nova perspectiva que vamos chamar de *dialética*.

De um certo ponto de vista, a perspectiva dialética consolida a crítica que a filosofia moderna fez à metafísica, mas também submete à crítica algumas pretensões da filosofia moderna, tanto do subjetivismo idealista como do cientificismo positivista. Mas, ao mesmo tempo que critica essas posições, retoma, de outro determinado ponto de vista, outros pontos que considera conquistas definitivas dessa fase; mas é preciso ir além, acrescentar, num estágio de síntese, novos elementos que não tinham sido considerados até então.

A filosofia, tal qual ela vem se expressando desde então, está adotando cada vez mais uma postura dialética: não constrói mais nem uma imagem metafísica do mundo, seja ela realista ou idealista, nem uma imagem exclusivamente científico-naturalista do mundo: quer criar uma nova imagem, sintetizadora, integradora dos aspectos válidos que essas tradições anteriores já explicitaram, mas numa síntese que avança, enriquecendo ainda mais a compreensão da realidade.

A perspectiva dialética privilegiou a dimensão histórica de todos os objetos e da própria existência do sujeito! Mas as suas posições específicas serão abordadas no capítulo 9.

Os modos de expressão da filosofia no Ocidente

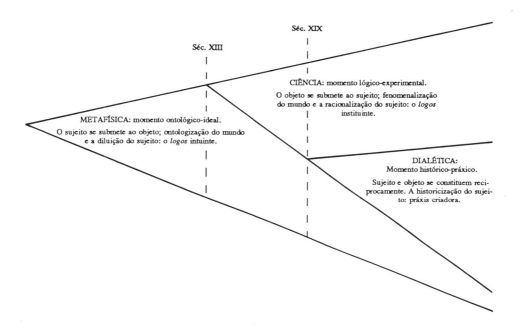

Pode-se representar, pelo quadro acima, a evolução do pensamento filosófico tal qual ela se deu na cultura ocidental, configurando três grandes movimentos. A filosofia se desenvolveu inicialmente sob o modo metafísico de pensar, que atinge seu apogeu no século XIII; em seguida, instaura-se sob o modo científico de pensar, que predomina hegemônico até o século XIX; a partir de então, tem início o modo dialético de pensar.

O quadro procura mostrar a predominância de cada modo de pensar nos vários momentos históricos. Isso, no entanto, não quer dizer que cada um é substituído pelo outro, vindo o anterior a desaparecer. Na realidade, esses vários modos de pensar coexistem, apenas um predominando num período, enquanto os outros sobrevivem com menor impacto cultural.

Assim, ainda hoje se encontram difusas nas várias expressões da cultura contemporânea formas metafísicas de pensar (no neotomismo, por exemplo), do mesmo modo que já na Antiguidade havia manifestações avulsas da postura dialética, como foi o caso no pensamento de Heráclito. Também as posturas científicas sempre se fizeram presentes em todos os momentos da história da cultura ocidental.

Esclarecendo alguns conceitos

Mito: em seu sentido original, é narrativa lendária desenvolvida pelas tradições culturais que procura explicar a origem do mundo e da humanidade, recorrendo a entidades e forças sobrenaturais, divinas e misteriosas; por derivação, pode significar crença sem fundamento, sem base, apesar de bem aceita no âmbito de determinada cultura (o mito da superioridade racial dos brancos), ou, então, uma narrativa alegórica, objetivando apenas passar uma representação simbólica.

Religião: sistema de crenças em divindades subrenaturais articulado a um conjunto de normas de ação, de atitudes práticas, de comportamentos pessoais, de celebrações rituais e de institucionalizações sociais que visam estabelecer um tipo de relacionamento entre o natural e o sobrenatural, relacionamento que propicie uma garantia de salvação divina para os homens.

Antropocentrismo, teocentrismo, cosmocentrismo: posições filosóficas que afirmam a prioridade, enquanto ocupando lugar central e fundamental na ordem da existência real, respectivamente, do homem, de Deus ou do mundo natural. O ser mais importante de toda a realidade sendo, respectivamente, o homem, Deus ou a natureza, devendo ocupar então também o centro de referência de toda explicação filosófica.

Essência: é o núcleo básico, conjunto de características que fazem com que uma coisa seja o que ela é; é o que define e especifica a natureza dessa coisa. A essência de um ser é aquilo que é fundamental e imprescindível para que ele seja o que é, em sua especificidade e identidade, distinto de outros seres.

Questões para pesquisa e discussão

• Efetue pesquisas complementares, em outras fontes, sobre o significado do mito.

• Compare as características da atitude religiosa com aquelas da atitude filosófica.

Capítulo 6

As pretensões do conhecimento metafísico e a imagem essencialista do homem

Já vimos, no capítulo anterior, que o modo metafísico de pensar é uma verdadeira constante do pensamento humano. Os homens sempre pensaram metafisicamente. Tendem a explicar a realidade adotando uma perspectiva metafísica. Esse modo metafísico de pensar, embora culturalmente tenha predominado na Antiguidade e na Idade Média, continua presente na atualidade, não só em algumas escolas filosóficas isoladas, mas também como parte integrante de nosso próprio pensar cotidiano.

Este capítulo tem por objetivo exatamente nos levar a entender o que significa explicar as coisas metafisicamente. O esquema do pensar metafísico está, de fato, intimamente ligado à estrutura de nossa consciência racional, por isso é preciso ter bem claro quando é que estamos pensando metafisicamente.

Explicando as coisas pela sua essência

A explicação metafísica tem por base a convicção da nossa consciência racional de que todas as coisas que existem — os filósofos preferem dizer todos os *entes*, todos os *seres* — possuem uma *natureza própria*, uma *essência* que lhes é específica. Cada ser, cada indivíduo é do jeito que é porque, ao existir, ele está realizando uma essência, uma natureza que lhe define suas características específicas, ou seja, características pelas quais ele pertence a uma determinada espécie de seres. Assim, por exemplo, haveria uma *essência eqüina*, que faz com que um determinado animal seja um cavalo e não um gato. Sem dúvida, os indivíduos de uma mesma espécie, portanto tendo a mesma essência, podem ter diferenças relevantes entre si, mas essas diferenças são *acidentais* e não *substanciais*, uma vez que a *substância* é parte permanente e fixa da essência, comum a todos os indivíduos.

É no caso do homem que essa visão metafísica terá conseqüências radicais. Com efeito, para os metafísicos, os homens pertencem à mesma espécie por compartilharem da mesma essência. Eles todos têm uma mesma natureza — a *natureza humana* — que permanece idêntica em *todos* os homens, sem exceção, apesar das diferenças que marcam os indivíduos humanos entre si. Essas diferenças, tais como o sexo, a cor, a saúde, o tamanho, a raça etc. — já vimos —, são acidentais.

É por isso que podemos dizer que os metafísicos adotam uma *perspectiva essencialista*, já que todos os seres que constituem o real, incluindo o homem, são como são porque realizam uma essência. E o que é ainda mais importante: é essa essência que preestabelece qual deve ser o modo de agir do homem. É que o agir adequado já está previamente traçado pelo seu modo de ser. Por aí se vê então que os *valores* que presidem a ação humana já se encontram inscritos na essência do homem. Portanto, para o homem, agir *eticamente*, agir *moralmente* bem, é agir segundo sua própria natureza.

Mas como o homem sabe quais são as características de sua natureza? Quanto a isso os metafísicos não vêem maior problema: eles acreditam que há uma harmonia entre a *razão* que conhece e as *essências* que são conhecidas! Os homens estão aquinhoados, na sua essência, com uma razão que lhes permite apreender, recorrendo apenas à sua luz natural, a própria essência dos objetos, incluindo também a sua própria natureza. Com efeito, o homem tem todas as condições para conhecer-se a si mesmo.

Como se vê, na sua busca do princípio ordenador do mundo, na busca do princípio que tornasse o mundo inteligível, os primeiros filósofos do Ocidente acreditaram tê-lo encontrado na *essência*! Com essa forma de pensar, eles construíram não só uma *teoria* que explicava o modo de ser das coisas e dos homens, mas também explicavam o funcionamento do conhecimento e davam uma justificativa para o agir moral do homem.

Assim, esses filósofos instituíram um verdadeiro sistema de saber, criaram grandes sistemas filosóficos que continham explicações sobre o modo de ser das coisas, sobre o modo de conhecer e de agir dos homens.

Como a metafísica foi a primeira forma de expressão da filosofia no Ocidente, a sua terminologia acabou sendo incorporada pela cultura filosófica posterior, mesmo quando seus conteúdos tenham sido mudados. Por isso, vamos inserir agora uma explicitação de alguns termos que passaram a fazer parte do vocabulário filosófico, tornando-se necessário que nos familiarizemos com eles.

Não é preciso assustar-se com essa terminologia abstrata, nem decorá-la artificialmente. Por enquanto, procuremos apenas compreender o seu conteúdo, voltando a ele toda vez que ele reaparecer em suas leituras e estudos.

Assim, quando a filosofia está tratando das *condições de existência das coisas em geral, da existência do ser em geral*, ela está desenvolvendo a *ontologia*. É a teoria do ser em geral, independentemente de suas particularidades. Às vezes, o termo ontologia é usado como sinônimo puro e simples de metafísica. Trata-se, pois, de *ontologia*, toda vez que especulamos sobre características comuns a todas as coisas, a todos os seres, sejam eles o que forem. Assim, quando falamos que todos os entes possuem uma essência, essa é uma consideração ontológica.

Quando nossas considerações ontológicas se particularizam, ou seja, continuamos falando das condições de existência dos seres mas com referência a esferas particulares, a ontologia também se especifica. Assim, quando falamos das condições particulares da existência do mundo, estamos fazendo *cosmologia*; se falamos do homem, então estamos fazendo *antropologia* (no sentido filosófico, a se distinguir da antropologia, disciplina científica).

Mas um outro âmbito da explicação filosófica diz respeito ao conhecimento, aos seus processos, a sua validade: temos então outra esfera da sistemática filosófica, que é aquela da *epistemologia*, a teoria do conhecimento. Ela é a área da filosofia que estuda os processos do conhecimento humano, tanto de um ponto de vista descritivo como de um ponto de vista crítico. Busca explicar como se dá o conhecimento humano e qual é o seu alcance, até que ponto ele nos dá a verdade.

Quando o centro das preocupações do filósofo é a justificativa do agir humano, quando se discutem os valores que presidem as nossas ações, temos então a área da *axiologia*. A questão básica da axiologia é saber a significação do valor, saber por que os homens o atribuem a tudo. Quando os valores se particularizam, vamos ter as subáreas da axiologia: valores morais são debatidos pela *ética*; valores ligados à sensibilidade, à beleza e à arte são tratados pela *estética*; valores sociais se incluem no âmbito da *política*.

É bom relembrar que, embora essas denominações tenham sido criadas no contexto da expressão metafísica da filosofia, elas foram incorporadas no categorial da filosofia e por isso continuam sendo utilizadas ainda hoje, razão pela qual precisamos conhecê-las. Formam o vocabulário técnico formal da filosofia, vocabulário este que é utilizado por todas as correntes filosóficas.

Atualmente, nos damos conta de que os filósofos que pensaram metafisicamente criaram um sistema abrangente de saber: todos os aspectos da realidade natural e social encontram seu lugar e sua explicação nesse sistema.

Na Antiguidade e na Idade Média, prevaleceu esse modo metafísico de pensar: assim, praticamente, de 500 a.C. até 1400 d.C., a filosofia se expressou fundamentalmente de modo metafísico. Para os filósofos dessa época, as coisas possuíam uma existência autônoma, objetiva, independente da consciência humana, existindo na exata medida em que realizavam uma determinada essência. Pouco importava se eram essências criadas por Deus ou se existindo eternamente: elas eram imutáveis, servindo de modelo e de molde para as coisas concretas que, estas sim, eram contingentes, perecíveis, mutáveis.

Por outro lado, nós podemos conhecer as coisas concretas porque apreendemos sua essência através do *conceito universal*, porque nossa consciência compartilha da mesma qualidade do *logos* que torna o mundo ordenado: a nossa razão tem o mesmo critério lógico, ela é uma *razão lógica*!

Os filósofos metafísicos eram filósofos às vezes idealistas, às vezes naturalistas...

Afirmar que as coisas existem em si mesmas, independentemente da consciência que as pensam, é assumir uma posição que, do ponto de vista ontológico, é *realista*.

O *realismo* é, portanto, *uma concepção filosófica, situada no plano ontológico, que afirma a existência de uma realidade exterior à mente humana, independentemente do conhecimento que o homem tenha dela.*

Assim, a metafísica é necessariamente realista, já que o que nós conhecemos são coisas, entes, que existem independentemente de nossa consciência. Só que, *atenção*, pode haver duas formas de realismo enquanto concepção da realidade: vai depender de como concebemos a essência das coisas.

Se, como Aristóteles e Santo Tomás de Aquino, entende-se que a essência existe independente no mundo real e concreto, no mundo natural, então temos um *realismo naturalista*; mas se se entende, como Platão e Santo Agostinho, que as essências são autônomas porém ideais, não se identificando com as coisas concretas e contingentes da natureza, então temos um *realismo idealista*. Veja bem que isso não é um contra-senso: o que se está dizendo é que, ontologicamente, a essência do real é de natureza ideal.

Quando falamos do conhecimento, das posições epistemológicas dos filósofos, as coisas vão mudar um pouco quanto ao significado desses termos. Vamos aguardar. Por enquanto, vejamos como se expressou esse realismo no pensamento dos filósofos metafísicos mais conhecidos.

Assim, Platão foi o filósofo mais representativo da posição metafísica caracterizada como realismo idealista. Isso porque para ele as essências verdadeiras eram as *Idéias* que, aliás, existiam num mundo separado, no *Mundo das Idéias*. Platão imaginava um outro mundo onde essas Idéias existiriam realmente, cada uma sendo um modelo, um verdadeiro protótipo das coisas concretas que "existiam" precariamente aqui, no mundo sensível. Assim, para Platão, existiam dois mundos: o *Mundo Inteligível*, formado pelas Idéias, e o *Mundo Sensível*, formado pelas coisas concretas de nossa experiência comum. As Idéias eram essências perfeitas, únicas, imutáveis. Havia uma Idéia para cada espécie de seres. Assim, lá naquele mundo, existia uma Idéia de árvore, que era a essência verdadeira de árvore. As árvores aqui da terra não passam de cópias imperfeitas daquela Idéia; elas "participam" da sua perfeição, porém nunca chegando a igualar-se a ela.

Mas por que as coisas daqui são imperfeitas? Essa limitação do mundo sensível se deve à união da Idéia com a matéria. No espírito do platonismo, a matéria é fonte de imperfeição. Quanto mais a matéria está presente num ser, tanto mais ele é imperfeito: múltiplo, contingente, mutável, perecível...

Portanto, segundo Platão, a Idéia se refere a algo real e não apenas à representação mental, a nossa idéia conceitual, imagem mental. É por isso que a Idéia é uma essência permanente e imutável que serve de modelo para as coisas.

Com essa teoria, Platão pretende explicar por que neste nosso mundo tudo está em movimento, tudo muda. O movimento, de modo particular o movimento qualitativo, que é a mudança, sempre foi um grande problema para os pensadores gregos. Para eles, a permanência, a imutabilidade expressam mais perfeição do que a transformação e a mutabilidade. Tudo o que é uno e imutável é mais perfeito do que o que é múltiplo e mutável. A valorização da unidade e da permanência era uma arraigada característica do pensamento grego. Daí a importância que atribuíam ao *logos*, princípio unificador e ordenador, eternamente igual a si mesmo. Daí também a ausência da historicidade em seu pensamento! Então, situações como o nascimento, o envelhecimento e a morte dos seres, bem como o visível e contínuo fluxo de mudanças no mundo, traziam muitas dificuldades para o espírito grego. Por isso mesmo estavam sempre buscando algum princípio imutável sob as coisas que mudam...

Platão criou o Mundo Inteligível das Idéias exatamente para garantir a unidade e a imutabilidade sob o fluxo das mudanças: as coisas mudam e se transformam, mas sua essência permanece imutável lá no Mundo das Idéias...

A mesma coisa vai ocorrer com o homem: só que com uma característica nova especial. Como os homens estão mais impregnados pelo *logos*, a cada indivíduo humano vai corresponder uma *alma*! Assim, não existe apenas uma Idéia de Homem mas um número limitado de almas que preexistiam aos indivíduos concretos e que conviviam com as Idéias, no seu Mundo Inteligível. Lá as almas viviam "contemplando" as Idéias sob a iluminação da Idéia principal e superior, que era a Idéia de Bem!...

Só que, de vez em quando, as almas devem se encarnar e aparecer no mundo sensível como "homens". Isso é um verdadeiro castigo, já que o prazer e a perfeição da alma é ficar mesmo no Mundo de Idéias, a contemplá-las, sob a luz do Bem, que atua no Mundo Inteligível de modo análogo ao sol, no Mundo Sensível. Sem ter como explicar logicamente o porquê desse castigo, Platão apela para uma suposta "vontade dos deuses", sem aprofundar mais a questão. Viver ligada ao corpo é um extremo sacrifício para a alma. O corpo é considerado um túmulo; a encarnação, uma queda! Por isso mesmo, todo o objetivo da vida enquanto busca da perfeição é livrar-se dessa condição de ser corporal: o que não justifica de maneira alguma o suicídio, no entendimento de Platão, mais uma vez se referindo à vontade dos deuses. O livrar-se do mundo sensível se dá através da *dialética*, ou seja, esforço de ascender ao mundo inteligível das Idéias mediante uma sistemática atividade intelectual. É assim, pelo cultivo da vida intelectual, que o indivíduo deve se preparar para a morte, aguardando ansioso o momento de voltar ao seio do mundo das Idéias e retomar a contemplação das mesmas.

Esta é a *teoria das Idéias* de Platão, pela qual se tornou um defensor do *realismo idealista*. E essa teoria lhe fornecerá as bases para explicar ainda como se dá o conhecimento, como se justifica a ética e como se fundamenta a política.

Conhecer, para Platão, é evidentemente apreender, por contemplação, as Idéias. Quando a alma está no Mundo das Idéias, antes do nascimento ou depois da morte, tudo bem, ela está conhecendo perfeitamente toda a realidade, já que contempla todas as Idéias. O problema é aqui na terra: ocorre que, ao nascermos, em conseqüência dos traumas do parto, nos *esquecemos* de tudo o que sabíamos de nossa convivência no Mundo das Idéias. É preciso então *relembrarmo-nos* de tudo, de novo! E Platão explica nosso conhecimento dizendo que ele não passa de uma relembrança do que tínhamos esquecido. Defende assim a *teoria da reminiscência*: ao vermos as árvores concretas, imperfeitas, mutáveis, somos estimulados pelos nossos sentidos, sobretudo pela visão, e acabamos nos *relembrando* da Idéia de Árvore, da *Árvore-Idéia*, nossa antiga companheira no Mundo das Idéias! A dialética é então, para ele, o esforço para recuperarmos o nosso antigo conhecimento, apreendendo cada vez mais todas as idéias.

Do mesmo modo, o nosso agir individual — ético — e social — político — se funda na intuição das Idéias. Elas é que são os fundamentos de nossos valores. Quem apreende a essência da virtude, da justiça e do bem terá condições também de agir de maneira virtuosa e justa, de acordo com o bem.

Dessa rápida apresentação do pensamento de Platão, já deu para perceber que ele é menos distante de nós do que parece à primeira vista. De fato, o platonismo marcou profundamente a cultura ocidental e o fez através do cristianismo. Com efeito, Santo Agostinho, que além de filósofo era teólogo e bispo da Igreja Católica, se apropriou das grandes linhas da filosofia platônica, servindo-se delas para apoiar a teologia e a moral cristãs. Bem entendido, como cristão, não podia adotá-la integralmente. Por isso, ele introduziu algumas modificações.

Assim, Agostinho substituiu o Mundo das Idéias pela consciência divina, ou seja, os modelos prototípicos das coisas existem sim, mas enquanto idéias divinas, enquanto pensadas por Deus. Aliás é ele que cria as coisas de acordo com esses modelos que pensa. Ademais, as almas são também criadas por Deus na hora de nossa concepção; elas não preexistiam, como pensava Platão. Igualmente Santo Agostinho descarta as reencarnações, ficando assim de acordo com a doutrina cristã.

Em conseqüência disso, quando conhecemos a essência da árvore, por exemplo, não é à contemplação das Idéias que chegamos, mas sim à consciência divina, que nos ilumina. Deus nos permite aceder a suas idéias, nós compartilhamos delas.

Do mesmo modo, agir moralmente bem é, pois, agir de acordo com as idéias divinas, é cumprir a vontade de Deus, que ele nos revela não só pelas Escrituras mas também pela Iluminação direta, que ocorre na reflexão filosófica.

Aristóteles, no entanto, vai discordar de Platão e apresenta uma outra teoria para explicar o conhecimento. A sua teoria pode ser considerada como um *realismo naturalista*, ou seja, a essência se encontra nas próprias coisas naturais. Não há nenhum Mundo de Idéias separado, as coisas existem neste próprio mundo natural. Platão confundiu, na sua opinião, as características de nossos conceitos com as próprias coisas, atribuindo assim às idéias uma realidade que elas não possuem...

Aristóteles já possuía um espírito experimental, achava que só podemos partir do mundo objetivo e é esse mundo o que deve ser conhecido. Só que ele enfrentava também o problema da mudança e do movimento: como é que as coisas mudam e ao mesmo tempo permanecem idênticas a si mesmas?!...

Já que os seres têm sua essência em si mesmos, existem por conta própria e não por participação, como pensava Platão, eles subsistem por si mesmos, eles devem ser considerados *substâncias*, ou seja, o sujeito, o suporte dos atributos, qualidades e acidentes.

Agora essa substância, esse substrato é, por sua vez, constituído de dois co-princípios: a *matéria-prima* e a *forma específica*. A forma específica é o princípio que define a essência mesma da coisa; a matéria-prima é o aspecto passivo do substrato, que dá concretude à forma. Esses dois co-princípios não se separam na realidade: a substância é unitariamente matéria e forma. Quando ela deixa de existir, os co-princípios também desaparecem, caso em que ocorre uma mudança substancial.

Ao contrário, as mudanças que não afetam a substância são mudanças *acidentais*, que se dão nas qualidades que não existem por si mesmas mas só na substância. Assim, acidente é aquilo que não existe em si mesmo, depende de um substrato para se ligar, só existe unido a uma substância.

A teoria da união dos co-princípios matéria e forma, definida por Aristóteles, é conhecida na filosofia como o *hilemorfismo*. Assim, de acordo com essa teoria hilemorfista, as características essenciais de um ser são definidas pela sua forma específica. Mas essa forma específica não preexiste aos seres concretos, ela só existe no ente real e concreto. Só que nós podemos ter dela um *conceito universal*, mas este é apenas uma abstração de nossa mente, não existe como uma entidade modelo, como pensava Platão.

Assim, quando se fala do homem, estamos, sim, afirmando que o homem é um ente concreto que realiza a *essência humana*; mas esta se realiza nos vários indivíduos humanos, ela existe neles e não em algum mundo superior.

Desse modo, na essência de cada indivíduo estão presentes as características da espécie a que pertence. Sua ação deve, pois, fundar-se nessas características, cada ser tendo um agir adequado a sua essência.

Aristóteles introduz ainda duas noções importantes: há duas situações de existência. É possível existir *em ato* ou *em potência*. Existir em ato é estar já realizado concretamente; existir em potência é conter uma possibilidade. Um exemplo esclarece bem a intenção de Aristóteles: a árvore existe em potência na semente e em ato na planta real. A criança é criança em ato e adulto em potência!

Com essas noções, Aristóteles dá conta das mudanças substantivas: ocorre que os entes vão constituindo sua própria existência mediante um processo de atualização, de passagem de uma condição de potência a uma situação de ato. É a realização de sua essência. Aliás, a essência, em geral, é pura potência, ou seja, define uma possibilidade de existir, mas, para se tornar ato, ela precisa exatamente existir, ser posta na existência.

De qualquer modo, uma vez existindo, cada ente existe de acordo com as características de sua essência. Existe como uma substância, delineada pelas características próprias de sua forma específica.

Para Aristóteles, essa teoria é suficiente para dar conta da realidade. Só que cria um problema: ela não seria compatível com a imortalidade da alma humana, já que, ao morrer, a substância humana se dissolveria, os seus co-princípios se desunindo. Mas como então garantir a sobrevivência da alma, forma específica do ser humano? Aristóteles não esclareceu devidamente a questão, deixando-a numa posição ambígua.

Acontecerá com essa metafísica aristotélica o mesmo que aconteceu com o platonismo: ela também será apropriada pelo cristianismo e passará a servir de base para a teologia. Só que isso ocorrerá apenas no século XIII, com a entrada em cena de Santo Tomás de Aquino.

Santo Tomás de Aquino, teólogo dominicano, retomará praticamente toda a teoria aristotélica, mas a modificará no sentido de assegurar não só a criação do mundo por Deus como também a imortalidade da alma, posições inquestionáveis para a teologia cristã.

Quanto ao primeiro ponto, Santo Tomás dirá que a criação divina é exatamente a responsável pela *existência* das coisas que existiam apenas potencialmente, enquanto pensamento divino. Portanto, sua criação é uma atualização; quanto à sobrevivência da alma humana, no entender de Santo Tomás, deve-se abrir uma exceção no interior da teoria hilemórfica: trata-se de uma forma específica tão perfeita, que ela pode existir como uma verdadeira substância, autônoma, sem estar ligada a qualquer matéria. E, uma vez criada por Deus, posta no ato de existir e dada sua extrema perfeição, não será mais destrutível, a não ser por vontade expressa de seu criador — o que não é, obviamente, o caso.

De qualquer modo, para o pensamento metafísico, o conhecimento humano se dá porque a razão do homem é capaz de apreender, muito naturalmente, a essência das coisas. Seja por um processo de pura intuição intelectual, como queria Platão, seja por iluminação divina, como acreditava Agostinho, seja ainda por abstração a partir da experiência sensível, como defendiam Aristóteles e Santo Tomás, a razão humana pode aceder à essência das coisas, conhecendo-as assim.

Do mesmo modo, a ação humana perfeita é aquela que se desenvolve de acordo com essa essência. O critério da justiça e bondade de nossas ações é sua conformidade com nossa própria natureza...

Questões para pesquisa e discussão

• Elabore uma comparação entre as posições platônica e aristotélica, traçando duas colunas paralelas, focalizando as concepções de essência do homem, de verdade, de conhecimento e de ação boa.

• Explicite as convergências e divergências entre os pensamentos de Platão e Santo Agostinho e entre aqueles de Aristóteles e Santo Tomás de Aquino.

Leituras complementares

No trecho transcrito, retirado do Diálogo Fédon, temos uma amostra do estilo de filosofar de Platão: adota a forma do diálogo maiêutico, sempre Sócrates dialogando com seus discípulos e convivas. Mediante questões adequadamente formuladas e logicamente articuladas, Sócrates vai fazendo com que seus interlocutores verbalizem o que, afinal, já sabiam.

O texto mostra, aliás, a teoria do conhecimento de Platão (a teoria da reminiscência), segundo a qual conhecer é relembrar-se das Idéias (essências) com as quais nossas almas já conviveram antes de se encarnarem. Tal epistemologia pressupõe sua teoria do Mundo das Idéias: as essências existem, eternamente, imutáveis, como modelos prototípicos, num mundo superior. As coisas concretas são apenas imitações imperfeitas dessas idéias/modelos.

Platão nasceu em Atenas, de família aristocrática, em 428 a.C. Militou politicamente em sua juventude, mas, desgastando-se, retirou-se da vida política, dedicando-se contudo à reflexão sobre a natureza do Estado. Discípulo de Sócrates, influenciando-se profundamente pelo seu modo de pensar. É assim que, em quase todos os Diálogos, a figura de Sócrates está sempre presente como o grande mestre. Após a morte de Sócrates, Platão sai de Atenas, transferindo-se para outras cidades onde havia núcleos de estudos filosóficos. Em 390 a.C., foi para Siracusa com a esperança de convencer o tirano Dionísio a adotar os seus ideais políticos. Seu plano fracassou e acabou como prisioneiro de guerra. Foi libertado em 388 a.C., quando volta a Atenas e funda sua própria escola de Filosofia, a *Academia*. Voltou posteriormente a Siracusa mais duas vezes na tentativa de ajudar a resolver, com suas idéias, as crises políticas locais. Mas, novamente fracassando, acabou por se concentrar na direção de sua escola.

Platão nos legou 36 *Diálogos*, forma literária que escolheu para expor suas idéias, apoiando-se em Sócrates, contrapondo-se aos sofistas e fundamentando suas posições pessoais.

Seu pensamento cobre toda a sistemática da filosofia, discutindo problemas do conhecimento, da existência individual, da ação moral, da educação e da organização política da sociedade.

"— Em verdade, Sócrates — tornou então Cebes — é precisamente êsse também o sentido daquele famoso argumento que (suposto seja verdadeiro) tens o hábito de citar amiúde. Aprender, diz êle, não é outra coisa senão recordar. Se êsse argumento é de fato verdadeiro, não há dúvida que, numa época anterior, tenhamos aprendido aquilo de que no presente nos recordamos. Ora, tal não poderia acontecer se nossa alma não existisse em algum lugar antes de assumir, pela geração, forma humana. Por conseguinte, ainda por esta razão é verossímil que a alma seja imortal.

— Mas, Cebes — atalhou por sua vez Símias — de que modo se poderá provar isso? Faze com que me lembre, pois, de momento, não consigo recordar-me muito bem dêsse argumento.

— Temos disso — volveu Cebes — uma prova magnífica: interroga-se um homem. Se as perguntas são bem conduzidas, por si mesmo êle dirá, de modo exato, como as coisas realmente são. No entanto, êsse homem seria incapaz de assim fazer se sôbre essas coisas não possuísse um conhecimento e um reto juízo! Passa-se depois às figuras geométricas e a outros meios do mesmo gênero, e assim se obtém, com tôda a certeza possível, que as coisas de fato assim se passam.

— Entretanto — disse Sócrates — é muito provável, Símias, que, pelo menos dessa maneira, não se consiga convencer-te! Vê, se, encarando a questão de outra forma, poderás compartilhar de minha opinião. Porque, o que parece difícil de ser compreendido é precisamente de que maneira o que chamamos aprender seja apenas recordar?

— Incredulidade a respeito disso? — volveu Símias; — não, não a tenho! Sinto apenas necessidade de ser pôsto nesse estado de que fala o argumento, e de que me façam recordar. Na verdade, Cebes contribuiu um pouco, com a exposição que fêz, para despertar minhas lembranças e convencer-me. Mas nem por isso, Sócrates, deixarei de ouvir, com prazer, a tua explicação.

— Aqui a tens: estamos sem dúvida de acôrdo em que para haver recordação de alguma coisa num momento qualquer é preciso ter sabido antes essa coisa?

— Sim.

— E, por conseguinte, sôbre o ponto que segue estamos também de acôrdo: que o saber, se se vem a produzir em certas circunstâncias, é uma rememoração? Que circunstâncias sejam essas, vou dizer-te: se vemos ou ouvimos alguma coisa, ou se experimentamos não importa que outra espécie de sensação, não é somente a coisa em questão que conhecemos, mas temos também a imagem de uma outra coisa, que não é objeto do mesmo saber, mas de um outro. Então, dize-me, não teremos razão em pretender que aí houve uma recordação, e uma recordação daquilo mesmo do que tivemos a imagem?

— Como assim?

— Tomemos alguns exemplos. São coisas muito diferentes, penso, conhecer um homem e conhecer uma lira?

— Efetivamente.

— Ignoras tu que os amantes, à vista duma lira, duma vestimenta ou de qualquer outro objeto de que seus amados habitantes se servem, rememoram a própria imagem do amado a quem êsse objeto pertenceu? Ora, aqui temos o que vem a ser uma recordação. Da mesma forma, também, acontece que, se alguém vê Símias, isso lhe faz recordar Cebes. E poder-se-iam encontrar milhares de exemplos análogos.

— Milhares, seguramente, por Zeus! — assentiu Símias.

— Assim, pois, um caso dêsse gênero constitui uma recordação, principalmente quando se trata de coisas que o tempo ou a distração já nos tinham feito esquecer, não é verdade?

74 — Absolutamente certo.

— Mas responde-me — continuou Sócrates: — ao ver o desenho dum cavalo, o desenho de uma lira, pode-se recordar um homem? ao ver um retrato de Símias, recordar-se de Cebes?

— Certo que pode.

— Ao ver um retrato de Símias, não é fácil recordar-se do próprio Símias?

— Seguramente que sim!

— Assim, — não é verdade? — o ponto de partida da recordação em todos êsses casos é, algumas vêzes, um semelhante, outras vêzes também um dessemelhante?

— É verdade.

— Mas, considerando o caso em que o semelhante nos sirva de ponto de partida para uma recordação qualquer, não somos forçosamente levados a reflexões como esta: falta ou não alguma cousa ao objeto considerado, em sua semelhança com aquilo de que nos recordamos?

— Sim, isso é necessário.

— Examina agora — tornou Sócrates — se não é dêste modo que isso se passa: afirmamos sem dúvida que há um igual em si; não me refiro à igualdade entre um pedaço de pau e outro pedaço de pau, entre uma pedra e outra pedra, nem a nada, enfim, do mesmo gênero; mas a alguma coisa que, comparada a tudo isso, disso, porém se distingue: — o Igual em si mesmo. Deveremos afirmar que êle existe, ou negar?

— Seguramente que devemos afirmá-lo, por Zeus! — disse Cebes.
— Muito bem!

— E sabemos também o que êle é em si mesmo?

— Também.

— E onde obtemos o conhecimento que dêle temos? Acaso não foi dessas coisas de que falamos há pouco? Acaso não foram êsses pedaços de pau, essas pedras, ou outras coisas semelhantes, cuja igualdade, percebida por nós, nos fêz pensar nesse igual que entretanto é distinto delas? Ou dirás que ao teu parecer êle não se distingue delas? Pois bem; examina outra vez a questão, mas sob êste outro aspecto: não acontece que pedaços de pau ou pedras, sem se modificarem, se apresentem a nós ora como iguais, ora como desiguais?

— Acontece, realmente.

— Mas então? O Igual em si acaso te pareceu em alguma ocasião desigual, isto é, a igualdade uma desigualdade?

— Jamais, Sócrates!

— Logo, a igualdade dessas coisas não é o mesmo que o Igual em si.

— De nenhum modo, Sócrates! Isso para mim é evidente.

— E, entretanto, não é certo que foram essas mesmas igualdades que, embora sendo distintas do Igual em si, te levaram a conceber e adquirir o conhecimento do Igual em si?

— Nada mais certo!

— E, isso, quer êle se lhes assemelhe, quer seja dessemelhante delas, não é?

— Realmente.

— Sim, por certo; isso é indiferente. Desde que, vendo uma coisa, a visão desta faz com que penses numa outra, desde então, quer haja semelhança ou dessemelhança, necessàriamente o que se produz é uma recordação? — Necessàriamente.

— Mas dize-me — continuou Sócrates — se passam as coisas para nós da mesma forma como as igualdades dos pedaços de pau e como as de que falávamos há pouco? Essas coisas nos parecem iguais assim como o que é Igual em si? Falta-lhes ou não lhes falta algo para poderem convir ao Igual?

— Oh, falta-lhes muito!

— Estamos, pois, de acôrdo quando, ao ver algum objeto, dizemos: "êste objeto que estou vendo agora tem tendência para assemelhar-se a um outro ser, mas, por ter defeitos, não consegue ser tal como o ser em questão, e lhe é, pelo contrário, inferior". Assim, para podermos fazer estas reflexões, é necessário que antes tenhamos tido ocasião de conhecer êsse ser de que se aproxima o dito objeto, ainda que imperfeitamente.

— Sim, é necessário.

— Que poderemos concluir? Encontramo-nos, sim ou não, no mesmo caso a propósito das coisas iguais e do Igual em si?

— Sim, seguramente.

— Portanto, é necessário que tenhamos anteriormente conhecido o Igual, mesmo antes do tempo em que pela primeira vez a visão de coisas iguais nos deu o pensamento de que tôdas elas aspiram a ser tal qual o Igual em si, embora lhe sejam inferiores?

— É isso mesmo.

75 — Mas também estamos de acôrdo sobre o seguinte: uma tal reflexão, e a possibilidade mesma de fazê-la, provêm unicamente do ato de ver, de tocar, ou de qualquer outra sensação; pois o mesmo podemos dizer a respeito de todas.

— De fato, é o mesmo, Sócrates, pelo menos em relação ao fim visado pelo argumento.

— Como quer que seja, seguramente são as nossas sensações que devem dar-nos tanto o pensamento de que todas as coisas iguais aspiram à realidade própria do Igual, como o de que elas são deficientes relativamente a êste. Que dizer, senão isto?

— Isso mesmo!

— Assim, pois, antes de começar a ver, a ouvir, a sentir de qualquer modo que seja, é preciso que tenhamos adquirido o conhecimento do Igual em si, para que nos seja possível comparar com essa realidade as coisas iguais que as sensações nos mostram, percebendo que há em todas elas o desejo de serem tal qual é essa realidade, e que no entanto lhe são inferiores!

— Necessária conseqüência, Sócrates, do que já dissemos.

— Logo que nascemos começamos a ver, a ouvir, a fazer uso de todos os nossos sentidos, não é verdade?

— Efetivamente.

— Sim, mas era preciso antes, como já dissemos, ter adquirido o conhecimento do Igual?

— Sim.

— Foi, portanto, segundo parece, antes de nascer que necessariamente o adquirimos?

— É o que parece.

— Assim, pois, que o adquirimos antes do nascimento, uma vez que ao nascer já dêle dispúnhamos, podemos dizer, em conseqüência, que conhecíamos, tanto antes como logo depois de nascer, não apenas o Igual, como o Maior e o Menor, e também tudo o que é da mesma espécie? Pois o que, de fato, interessa agora à nossa deliberação não é apenas o Igual, mas também o Belo em si mesmo, o Bom em si, o Justo, o Piedoso, e de modo geral, digamos assim, tudo mais que é a Realidade em si, tanto nas questões que se apresentam a êste propósito, como nas respostas que lhes são dadas. De modo que é uma necessidade adquirir o conhecimento de todas essas coisas antes do nascimento...

— É bem isso.

— E também, supondo pelo menos que depois de tê-lo adquirido não o esqueçamos constantemente, é uma necessidade lógica que tenhamos nascido com esse saber eterno, conservando-o sempre no curso de nossa vida. Saber, com efeito, consiste nisto: depois de haver adquirido o conhecimento de alguma coisa, dispor dele e não mais perdê-lo. Aliás, o que denominamos "esquecimento" não é, por acaso, o abandono de um conhecimento?

— Sem dúvida.

— E em troca, penso, poder-se-ia supor que perdemos, ao nascer, essa aquisição anterior ao nosso nascimento, mas que mais tarde, fazendo uso dos sentidos a propósito das coisas em questão, reaveríamos o conhecimento que num tempo passado tínhamos adquirido sôbre elas. Logo, o que chamamos de "instruir-se" não consistiria em reaver um conhecimento que nos pertencia? E não teríamos razão de dar a isso o nome de "recordar-se"?

76 — Toda a razão.

— É possível, com efeito — e assim pelo menos nos pareceu — que ao percebermos uma coisa pela vista, pelo ouvido ou por qualquer outro sentido, essa coisa nos permita pensarmos num outro ser que tínhamos esquecido, e do qual se aproximava a primeira, quer ela lhe seja semelhante ou não. Por conseguinte, torno a repetir, de duas uma: ou nascemos com o conhecimento das idéias e este é um conhecimento que para todos nós dura a vida inteira — ou então, depois do nascimento, aqueles de quem dizemos que se instruem nada mais fazem do que *recordar-se*; e neste caso a instrução seria uma reminiscência.

— É exatamente assim, Sócrates!

— Qual é, por conseguinte, dessas alternativas a que escolhes, Símias? O saber inteiro e perfeito para nós ao nascermos, ou talvez uma recordação ulterior de tudo aquilo de que anteriormente havíamos adquirido o conhecimento?

— De momento, Sócrates, estou incapacitado de fazer uma escolha.

— Mas responde, eis aqui uma escolha que estás em condições de fazer, dizendo-me a seu respeito qual é a tua opinião: um homem que sabe é capaz ou não, de dar razões, de explicar, aquilo que sabe?

— Necessariamente, Sócrates!

— Crês, além disso, que toda a gente seja capaz de explicar o que são os sêres de que há pouco nos ocupávamos?

— Ah! bem o desejaria eu — respondeu Símias. — Mas receio, pelo contrário, que amanhã não haja mais um só homem no mundo que esteja em condições de sair-se dignamente dessa tarefa.

— Daí resulta pelo menos, Símias, que, no teu entender, o conhecimento das idéias não pertence a todo o mundo?

— Absolutamente não!

— Vale então dizer que os homens se recordam daquilo que aprenderam num tempo passado?

— Necessariamente.

— E que tempo foi esse em que nossas almas adquiriram o saber acerca desses seres? Seguramente, não havia de ser a data de nosso nascimento humano?

— Seguramente que não!

— Seria pois, anteriormente?

— Sim.

— As almas, Símias, existiam, por conseguinte, antes de sua existência humana, separadas dos corpos e dotadas de pensamento?

— A menos, Sócrates, que o instante de nosso nascimento seja aquêle mesmo em que adquirimos tais conhecimentos; pois essa é a ocasião que nos resta.

— É verdade, meu amigo; mas então, em que outra ocasião nós os perdemos? É certo que não dispúnhamos deles quando nascemos, e a este respeito estávamos de acôrdo faz pouco. Assim, ou nós os perdemos no momento mesmo em que os adquirimos; ou acaso podes alegar algum outro momento?

— Impossível, Sócrates! A verdade é que, sem o perceber, falei levianamente.

— Em conseqüência, Símias, se existe, como incessantemente o temos repetido, um Belo, um Bom, e tudo mais que tem a mesma espécie de realidade; se é a essa realidade que relacionamos tudo o que nos provém dos sentidos, porque descobrimos que ela já existia, e que era nossa; se, enfim, à realidade em questão comparamos esses fenômenos — então, em virtude da mesma necessidade que fundamenta a existência de tudo isso, podemos concluir que nossa alma existia já antes do nascimento. Suponhamos, ao contrário, que tudo isso não exista. Não seria, então, em pura perda o que estivemos a demonstrar? Não é desta forma que apresenta a situação? Não há acaso uma igual necessidade de existência, tanto para esse mundo ideal, como também para nossas almas, mesmo antes de termos nascido, e a não-existência do primeiro termo não implica a não-existência do segundo?

74 — Não há quem sinta, Sócrates, mais do que eu — disse Símias — que a necessidade é idêntica em ambos os casos! Que bela base para uma prova, esta semelhança entre a existência da alma antes do nascimento com a realidade de que acabas de falar! Quanto a mim, parece-me que não há evidência que se emparelhe com esta: tudo o que é deste gênero possui o mais alto grau de existência, Belo, Bom, e tudo mais de que falavas há um instante. Assim, pelo que me toca, estou satisfeito com tua demonstração.''

PLATÃO. Fédon, 73-77. In: *Diálogos*. Porto Alegre, Globo, 1961, p. 99-106. (Trad. de Jorge Paleikat e João Cruz Costa.)

* * *

Já Santo Tomás de Aquino, herdeiro e seguidor de Aristóteles, tem um estilo redacional de discurso argumentativo, logicamente articulado e rigoroso. No texto ele expõe sua teoria das essências, fundada no substancialismo hilemorfista: todas as substâncias são compostas de dois co-princípios, matéria e forma, e subsistem por si mesmas na realidade concreta.

Tomás de Aquino (1227-1274), frade da ordem dominicana, nasceu na Itália, de família nobre, cujas regalias abandonou para dedicar-se à vida religiosa. Estudou em Nápoles, em Paris e em Colônia. Tornou-se professor de Filosofia e de Teologia na Universidade de Paris, tendo ainda escrito uma imensa obra, em que se destacam a *Suma teológica*, a *Suma contra os gentios*, muitos *Comentários, Questões disputadas*.

Seu trabalho filosófico está diretamente vinculado ao pensamento aristotélico, tendo buscado elaborar uma síntese entre o aristotelismo e o cristianismo, uma vez que não via conflito entre a fé e a razão. Assume assim o realismo naturalista de Aristóteles, vendo nele o fundamento racional das próprias verdades reveladas. Por isso mesmo, a filosofia atua como autêntico sustentáculo da teologia.

Santo Tomás foi o responsável pela mais completa sistematização da escolástica medieval. Sua obra monumental tornou-se então a própria referência filosófica da teologia católica, tendo sido assumido oficialmente como tal pelo magistério da Igreja, de quem foi declarado "doutor", e sua influência no pensamento filosófico ocidental se faz sentir até hoje, sobretudo nos ambientes marcados pela cultura católica.

"1. Já que o ente se predica absoluta e primariamente das substâncias e secundária e analogicamente dos acidentes, disto resulta que a essência reside própria e verdadeiramente nas substâncias, ao passo que nos acidentes se encontra em sentido secundário e só analogicamente ou em sentido menos próprio.

2. Algumas das substâncias são simples, ao passo que outras são compostas, sendo que em ambas existe uma essência. Todavia, nas substâncias simples a essência reside em sentido mais verdadeiro e mais elevado, mesmo porque possuem um ser mais nobre, e além disso constituem causas das substâncias compostas. Isto ocorre, pelo menos, com aquela substância primeira e simples por excelência, que se denomina Deus.

3. Contudo, já que as essências daquelas substâncias simples estão para nós mais ocultas, cumpre-nos partir das essências das substâncias compostas, a fim de que, começando por aqui, a exposição se apresente mais lógica e mais fácil de ser seguida.

Nas substâncias compostas a forma e a matéria são conhecidas, como o são, no homem, a alma e o corpo. Todavia, não se pode dizer que apenas uma delas se denomine essência. Com efeito, é evidente que não é somente a matéria que é essência, pelo fato de que uma coisa é cognoscível através da sua essência e se engloba sob a categoria de espécie ou sob a de gênero. Todavia, a matéria não constitui princípio de conhecimento, nem é por ela que uma coisa é determinada em espécie ou em gênero. Isto ocorre exclusivamente em virtude daquilo em relação a que alguma coisa existe ou é em ato.

Tampouco é somente a forma de uma substância composta que se pode denominar essência, ainda que alguns filósofos o queiram afirmar. Com efeito, de quanto até aqui expusemos se evidencia que a essência é aquilo que é significado ou expresso pela definição de uma coisa. Ora, a definição das substâncias naturais compreende não apenas a forma, se não também a matéria, pois, se assim não fora, não existiria diferença entre as definições das coisas naturais e as definições matemáticas. Tampouco se pode afirmar que a matéria, na definição da substância natural, se considere como que algo acrescentado à essência da mesma, pois esta modalidade é característica dos acidentes, os quais, a rigor de termos, não possuem essência. Daí que em sua essência recebem a substância ou o sujeito que está fora do gênero deles. Por conseguinte, é evidente que a essência de uma coisa compreende a matéria e a forma.

4. Tampouco se pode afirmar que a essência significa a relação existente entre a matéria e a forma, ou então algo que se acrescenta às mesmas, visto que isto seria um acidente estranho à coisa, nem se poderia neste caso afirmar que a coisa se conhece pela sua essência. Tudo isto compete à essência: através da forma, que é ato da matéria, a matéria se torna ente em ato e este algo concreto; por conseguinte, o que se lhe acrescenta não somente dá à matéria o ser simplesmente em ato, mas também o ser atual, assim como ocorre com os acidentes, como por exemplo a brancura torna branca uma coisa em ato. Daqui se conclui que, quando tal forma é adquirida, não se diz que ela é gerada pura e simplesmente, mas como que analogicamente ou em sentido menos próprio.

5. Do exposto se infere, portanto, que o termo essência significa, nas substâncias compostas, o que é composto de matéria e forma. Com esta acepção concorda o ensinamento de Boécio no comentário às *Categorias*, onde afirma que *ousía* designa o composto. Com efeito, *ousía* reveste entre os gregos o mesmo sentido que tem o termo essência entre nós, como ele mesmo afirma na obra *Sobre as Duas Naturezas*. Aliás, também Avicena diz que a qüididade das substâncias compostas é a mesma composição de matéria e forma. Comentando o livro VII da *Metafísica*, escreve o seguinte: "A natureza, possuída pelas espécies sujeitas a serem geradas, constitui um termo médio, ou seja, o composto de matéria e forma". Com isto concorda igualmente a razão, uma vez que o ser da substância composta não é apenas o ser da forma, nem somente o da matéria, mas o do próprio composto, pois a essência consiste naquilo segundo o qual se diz que uma coisa existe. Conseqüentemente, é necessário que a essência, em virtude da qual uma coisa se denomina ente, não consista só na matéria ou só na forma, senão nas duas juntas, embora só a forma seja a causa, a seu modo, de tal ser ou essência. Com efeito, observamos nas outras coisas, constituídas de muitos princípios, que as coisas não são denominadas somente por um dos referidos princípios, mas por aquele que compreende ambos, conforme se evidencia no caso dos sabores. Efetivamente, a doçura é

produzida pela ação do calor que digere e dissolve o úmido, e, embora deste modo o calor constitua a causa da doçura, contudo o corpo se denomina doce não pelo calor, mas pelo sabor, o qual engloba tanto o calor como o úmido.

6. Contudo, visto como o princípio de individuação é a matéria, daqui pareceria talvez que a essência, a qual abrange simultaneamente a matéria e a forma, é apenas particular, e não universal, donde seguiria que os universais não possuem definição, uma vez que a essência constitui aquilo que é significado ou expresso pela definição.

Por isto mesmo cumpre notar que a matéria é, sim, o princípio individualizante: não, porém, a matéria *tout court*, mas a matéria signada. Por matéria signada entendemos aquela que é considerada sob certas dimensões. Esta matéria signada não integra a definição de homem enquanto homem, mas integraria a definição de Sócrates, se este possuísse definição. Na definição de homem se trata da matéria não signada, visto que na definição de homem não se costuma colocar este osso e esta carne concretos, mas pura e simplesmente o osso e a carne, os quais constituem a matéria não signada do homem."

AQUINO, Sto. Tomás de. *O ente e a essência*. 2. ed. São Paulo, Abril Cultural, 1979, p. 6-7. Col. "Os Pensadores". (Trad. José Cretella Jr.)

Referências bibliográficas

A partir deste capítulo, estarão sendo feitas referências mais diretas a filósofos que foram representativos das posições estudadas. Por isso, eles terão destaque no texto e nas informações complementares. Mas também os alunos poderão aprofundar a temática de cada capítulo, pesquisando mais sobre os referidos filósofos, no sentido de melhor se familiarizarem com seu pensamento.

Assim, no que concerne a este capítulo, podem ser solicitadas pesquisas sobre Platão, Aristóteles, Tomás de Aquino e Santo Agostinho, tomando-se como fontes tanto os textos de *História da Filosofia* como os estudos mais especializados.

Quanto a estes, é o momento de informar que já dispomos de algumas coleções importantes para o estudo da filosofia, geralmente disponíveis nas bibliotecas das escolas.

A primeira, amplamente conhecida e de grande relevância para o estudo da filosofia, é a Coleção "Os Pensadores", da Editora Abril Cultural, que contém estudos sobre os filósofos e traduções de seus textos, apresentando as principais figuras da filosofia ocidental.

A Editora Cultrix publica a Coleção "As idéias de...", contendo exposições e estudos sobre o pensamento de grandes filósofos.

A Editora FTD, em sua coleção "Prazer em Conhecer", já dirigida ao curso de 2º grau, lançou estudos sobre filósofos, estando já publicados os volumes sobre Platão, Aristóteles, Rousseau, Gandhi, Marx, Descartes e Sartre.

Capítulo 7

A revolução epistemológica e o projeto iluminista da modernidade

Vimos no capítulo 3 que ocorreu, por volta do século XV, uma revolução epistemológica na cultura ocidental que colocou em crise a visão metafísica do homem e do mundo delineada pela filosofia da Antiguidade e da Idade Média. Vimos igualmente os motivos e as circunstâncias. Neste capítulo, procuraremos mostrar como os modernos entendem construir uma nova imagem da realidade, como o homem deve praticar o seu poder de conhecimento.

Ao criticar as pretensões da metafísica, os filósofos modernos mostraram que não temos como chegar à essência das coisas. Portanto, se essas *essências* existirem, nós não podemos conhecê-las. Assim, não há como afirmá-las, pois pressupô-las seria admitir necessariamente uma outra via de conhecimento que não fosse a da razão natural. Assim, a única atitude adequada por parte do homem é dedicar-se ao conhecimento dos *fenômenos*, abandonando o projeto da *metafísica* e substituindo-o pelo projeto da *ciência*.

Os pensadores modernos chegaram a essa conclusão ao rejeitarem a tutela da fé religiosa sobre a razão e ao analisarem o seu efetivo poder enquanto razão natural. Só que, ao buscarem determinar o que efetivamente podemos conhecer apenas com os recursos de nossa razão natural, os filósofos da era moderna se deram conta de que poderíamos ter certeza garantida de nossos conhecimentos em duas situações. Num primeiro caso, quando conhecemos, por intuição intelectual, nosso próprio pensamento, nossa própria atividade de consciência enquanto atividade intelectual; num segundo caso, quando conhecemos o mundo fenomenal que nos é transmitido pelas impressões sensíveis.

Nesse sentido, essa epistemologia racionalista vai servir de instrumento tanto para uma nova postura filosófica como para a postura científica. De um lado, a filosofia moderna desenvolveu uma filosofia subjetivista, que dá ênfase ao sujeito que conhece, à sua atividade cognoscitiva, filosofia essa que, às vezes, retorna a uma metafísica idealista, embora se preocupe mais com as questões epistemológicas. De outro lado, desenvolve-se a *ciência*, enquanto forma de conhecimento distinta da metafísica, que privilegia a atividade do sujeito, mas limitando-a ao conhecimento do mundo fenomenal.

O primeiro caminho da filosofia moderna garante a verdade para o sujeito mas fecha a razão no seu próprio interior

Alguns filósofos modernos, liderados por Descartes, raciocinaram da seguinte maneira: é verdade que a razão não pode mesmo conhecer a essência das coisas, dos seres que constituem o mundo e se situam fora dela. Mas, em compensação, ela pode conhecer, e muito bem, *o seu próprio ato de conhecer e de pensar.* Isso porque, embora nós possamos duvidar de tudo, uma coisa resiste a qualquer dúvida: *o próprio ato de pensar!* Assim, pelo menos um ato de conhecimento é garantido, podemos ter dele absoluta certeza, é o ato mesmo de conhecer. E Descartes enunciava, orgulhoso, a sua famosa conclusão: *cogito, ergo sum! Penso, logo existo,* isto é, tenho absoluta certeza de que existo, pelo menos enquanto uma coisa pensante.

ESQUEMA DO RACIOCÍNIO CARTESIANO

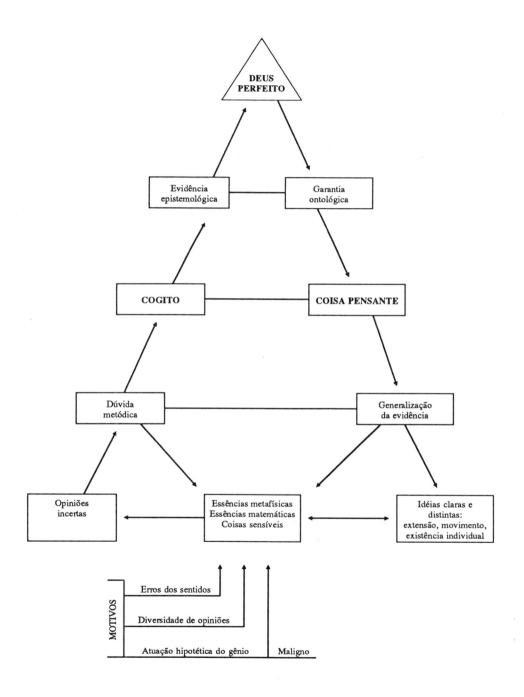

Mas o que nos garantiu essa certeza? A clareza e distinção com que intuímos esse objeto. Temos assim um *critério* para saber quando nosso conhecimento nos dá a verdade: é a *evidência racional.*

Descartes inaugurou assim uma nova tradição na filosofia: o *idealismo subjetivista,* o *subjetivismo.* Quem conhece é o sujeito, o espírito humano, a razão. Mas o objeto primeiro de seu conhecimento é o próprio ato de conhecimento, portanto, o próprio sujeito, ou seja, nós só conhecemos com segurança e certeza o mundo da consciência, as nossas próprias idéias, sendo que as idéias fundamentais são como que inatas, intrínsecas à própria subjetividade. Elas são constitutivas do nosso eu. Assim sendo, não precisamos sair do interior de nossa própria consciência para conhecer o real: ou ela já está presente no âmbito de nossa consciência ou ele não poderá ser conhecido.

O segundo caminho da filosofia moderna abre a consciência para o mundo mas escraviza a razão às impressões sensíveis...

Mas enquanto os pensadores da linha cartesiana (Leibniz, Espinosa, Malebranche, Wolff) julgavam que, deixada a si mesma, a razão só podia conhecer com certeza as idéias de que já dispunha, um outro grupo de filósofos modernos, os chamados *empiristas*, não podiam concordar com esse ponto de vista e entendiam, ao contrário, que nossas idéias não eram inatas e sim construídas a partir das impressões sensíveis, oriundas da experiência de nossos órgãos de sentido. Para eles, a consciência, a mente, a razão, o sujeito, originariamente, é como uma folha de papel em branco onde as impressões sensíveis vêm registrar suas imagens, que são nossas *idéias.* Esses pensadores são Locke, Berkeley e Hume.

Qual a conseqüência disso? Se é que podemos conhecer alguma coisa, só conhecemos aquilo que for registrado em nossa mente pelas impressões sensíveis! As idéias inatas não passam de uma ilusão, sem qualquer valor. E o que não pode se transformar em impressão sensível, não pode também ser conhecido.

Como vemos, essa posição é ainda uma posição subjetivista: só que agora estamos diante de um *subjetivismo empirista.* Só conhecemos nossas próprias idéias, mas apenas na medida em que impressões sensíveis se tornem conteúdos mentais, psíquicos...

Tanto no caso dos idealistas cartesianos como no caso dos empiristas humeanos, não há garantias de que estejamos conhecendo de fato a realidade em si mesma, como pretendiam os metafísicos! O que conhecemos são idéias dessa realidade, representações que recebemos em nossa consciência.

E todo o projeto filosófico da Idade Moderna é assim de natureza subjetivista, ou seja, ele privilegia o sujeito, o lado subjetivo, no processo do conhecimento.

É assim que a própria ciência, de que se falará no próximo capítulo, e que se apóia nos pontos de partida do empirismo, não deixa de ser um conhecimento "construído" pelo sujeito. Ela se propõe conhecer apenas os *fenômenos*, nunca as *essências* das coisas. Mas o que é um fenômeno? É a coisa tal qual ela se dá à percepção do sujeito. Só que a abordagem do cientista se utiliza de instrumentos que aperfeiçoam e sofisticam os órgãos dos sentidos dos homens, ampliando significativamente o seu alcance. Ademais, a razão constrói estruturas formais, sobretudo matemáticas, que servem de esquemas lógicos para construir essa representação da realidade. É por isso que o método científico é um conjunto de procedimentos experimentais e matemáticos...

Assim, na Idade Antiga e na Medieval, o uso da razão levou os filósofos a construírem uma imagem do mundo formada de essências metafísicas, como se fosse uma realidade autônoma que se *impõe* à consciência humana, que a conhece através dos conceitos.

Já na Idade Moderna, os filósofos se deram conta de que não podem conhecer o real dessa maneira, dadas as próprias limitações da razão. Por isso, a imagem que construíram do mundo foi uma imagem elaborada pela consciência, de acordo com as próprias regras de seu funcionamento. Tanto na filosofia idealista quanto na filosofia empirista, temos que é o sujeito que delineia essa imagem do mundo.

Essas duas perspectivas epistemológicas da era moderna, em que pese as diferenças de suas conclusões, têm em comum o fato de só se apoiarem nas "luzes" naturais da razão que, na realidade, só podem "iluminar" o objeto na medida em que ele é montado no âmbito da consciência. Compartilham, em decorrência, da outra posição segundo a qual não se pode mesmo conhecer a essência das coisas, mas só o seu fenômeno, o seu modo de aparecimento na consciência.

É por isso mesmo que se fala do *projeto iluminista* da filosofia moderna, uma vez que se trata de um *racionalismo radical*, ou seja, só a razão natural conhece e só é conhecido aquilo que cair no seu campo de apreensão.

Vai entrar então em cena um outro grande filósofo desse período que tentará unificar esses dois caminhos: *Immanuel Kant*, pensador alemão, o nome mais representativo do Iluminismo.

Kant vai mostrar que não existem dois caminhos, um idealista e um empirista, no caso do conhecimento. Mas, ao contrário, o conhecimento é um ato único com duas dimensões, uma *empírica* e uma *teórica*.

De modo geral, Kant explica que o *conteúdo* do conhecimento procede, como queriam Hume e os empiristas, das impressões sensíveis; mas esse conteúdo, para ser conhecido, precisa ser devidamente organizado, precisa ser ordenado na consciência, o que dá uma certa procedência às perspectivas de Descartes e dos idealistas. Portanto, a *forma* que o conteúdo assume é fornecida pela subjetividade do sujeito que conhece. Assim, o ato de conhecimento é um ato *único* mas *complexo,* onde os dados empíricos são organizados, ordenados e estruturados por um sujeito lógico. Assim, para conhecer, o homem precisa da experiência sensível, única fonte do conteúdo empírico, mas precisa também de uma estruturação lógica, independente da experiência que organize esses dados empíricos.

Vamos nos aproximar ainda mais da teoria de Kant, acompanhando o quadro da p. 106. Para Kant, a consciência humana é formada de três grandes faculdades: a *sensibilidade,* o *entendimento* e a *razão*. O processo do conhecimento se daria da seguinte maneira.

Tomemos como exemplo o conhecimento da árvore. Inicialmente, milhares de impressões sensíveis bombardeiam nossos olhos e nosso sistema nervoso, de acordo com os mecanismos puramente físicos e fisiológicos. Só que essas impressões chegam como milhares de pequenos pontos instantâneos, sem nenhuma ordem ou seqüência, como se fosse um pipocar caótico nos órgãos sensíveis. É aí que entram em ação, para receber esse bombardeio de impressões, as *formas "a priori" da sensibilidade,* que são o *espaço* e o *tempo*.

Assim, para Kant, o espaço e o tempo não são, como pensamos espontaneamente, propriedades objetivas das coisas, mas sim estruturas subjetivas *a priori* (isto é, anteriores e independentes da experiência sensível). São elas, aliás, que possibilitam a experiência, pois na falta destas as impressões sensíveis continuariam como uma poeira de pequenos pontos desconexos, caóticos. O espaço assegura uma organização às impressões sensíveis, formando a silhueta do objeto enquanto o tempo mantém essa organização fazendo-a ir além da fugacidade do instante da percepção. A silhueta dura e temos assim a *intuição*, a imagem sensível da árvore.

Mas a árvore não está ainda conhecida; por enquanto está apenas percebida como intuição sensível! Esta é então "enviada" ao entendimento que vai submetê-lo às formas *a priori*, que nada mais são do que as doze categorias de que já falara Aristóteles. Só que, para Kant, elas pertencem ao mundo subjetivo e são aplicadas às intuições, constituindo-as como *fenômenos*, objeto adequado do conhecimento humano. E é aí que ele se completa, representando o fenômeno sob a forma de conceito.

Quanto à terceira faculdade, a razão, ela é a faculdade das idéias, ou seja, pela qual nós podemos "pensar" as essências das coisas, os seus *númenos*, aplicando as categorias *a priori* sobre elas mesmas. Foi por isso que a razão filosófica criou a metafísica, ao tomar como reais as sínteses das categorias, que eram apenas ideais, lógicas e formais.

Qual a conclusão que tira então toda essa epistemologia kantiana? A conclusão de que só o conhecimento científico tem sustentação, enquanto a metafísica não tem nenhuma garantia. Com efeito, ela não é um conhecimento de fenômenos mas um conjunto de idéias pensadas. Assim, a árvore como essência é apenas uma idéia que a razão produziu indevidamente, não pode ser objeto de conhecimento, não tem nenhuma fenomenalidade, não existe uma intuição que a ela correspondesse no plano empírico.

Assim, de modo especial, as três grandes idéias/sínteses da metafísica, as três principais substâncias (a alma, o mundo e Deus) também não têm fenomenalidade, conseqüentemente não podem ser conhecidas, não podem ser objeto de conhecimento. Kant dirá que o substrato dessas idéias até pode ser *postulado*, mas nunca *conhecido*. Mas só podemos admiti-lo como postulado por razões *morais, práticas,* nunca por razões *teóricas*.

Kant forneceu assim as bases teóricas do conhecimento científico, o fundamento epistemológico da ciência e de sua expressão filosófica na modernidade, o *positivismo*.

O positivismo, do ponto de vista epistemológico, é a posição filosófica segundo a qual só é válido o conhecimento proveniente da experiência sensível e, portanto, o conhecimento que adota o método empirista da abordagem dos objetos.

KANT: O ESQUEMA DO PROCESSO DO CONHECIMENTO

SENSIBILIDADE		ENTENDIMENTO													RAZÃO
FORMAS A PRIORI		CATEGORIAS A PRIORI													
MATÉRIA		QUANTIDADE			QUALIDADE			RELAÇÃO			MODALIDADE				
DADOS EMPÍRICOS		*Multiplicidade*	*Unidade*	*Totalidade*	*Realidade*	*Negação*	*Limitação*	*Substância*	*Causalidade*	*Comunidade*	*Possibilidade*	*Existência*	*Necessidade*		IDÉIAS PURAS: *Eu Mundo Deus*
Espaço	*Tempo*														
INTUIÇÃO		FENÔMENO													NÚMENO
		A "Árvore" como Fenômeno													A Árvore como Essência
		Conceito = Conhecimento													Idéia = Pensamento

O principal pensador que sistematizou o positivismo em sistema filosófico no período moderno foi *Auguste Comte,* filósofo francês. Comte extrai as conseqüências operacionais da filosofia de Kant e apresenta uma proposta de sistematização das ciências, tomando a física como ciência-modelo. Assim, além da contribuição epistemológica do kantismo, Comte está profundamente influenciado pelo êxito concreto da ciência newtoniana, efetiva instância cultural da época. Comte pretende até mesmo tornar positivas as ciências humanas que começam a se constituir, criando também uma "física social", análoga e simétrica à "física natural" de Newton. Na realidade, o que está subjacente na filosofia de Comte é a proposta de criação das ciências humanas sob os mesmos critérios das ciências naturais.

Mas a revolução epistemológica que foi ocorrendo na época moderna não fica só no plano teórico da filosofia! Ao mesmo tempo, a partir do Renascimento, a cultura ocidental vai presenciando a formação da ciência também como prática efetiva de conhecimento. Bacon, Galileu, Copérnico, Kepler, Newton, entre outros, são pensadores que praticam a ciência, que a fazem concretamente. A ciência se tornou então uma importante instância cultural que vai mudar completamente a visão de homem e de mundo desde então...

É o que será tratado no próximo capítulo.

Esclarecendo alguns conceitos

Fenômeno: no vocabulário científico, é toda manifestação dos corpos naturais, é o fato observável; na filosofia de Kant, é o objeto da experiência do conhecimento enquanto síntese de impressões sensíveis e das formas *a priori* do entendimento.

Númeno: conceito kantiano que designa a essência, a coisa em si, independente de qualquer relação a um sujeito.

Subjetivismo: posição filosófica que privilegia a contribuição e a participação da subjetividade no processo do conhecimento.

Inatismo: concepção epistemológica de acordo com a qual algumas idéias são inatas, ou seja, não dependem de nenhuma experiência anterior, surgindo com a própria estruturação da consciência.

Empirismo: teoria epistemológica que afirma a radical derivação, direta ou indireta, de todo conhecimento da experiência sensível, seja ela interna ou externa.

Racionalismo: posição filosófica que considera que só a razão natural é condição necessária e suficiente, bem como fundamento de todo conhecimento.

Iluminismo: concepção filosófica de acordo com a qual o conhecimento se dá em função das luzes da razão e que só o conhecimento racional crítico e a cientificidade emancipa o homem da superstição e do dogma, promovendo seu progresso em todos os campos. Por extensão, é todo movimento político, literário ou cultural que se apóia nessa visão.

Postulado: proposição nem evidente nem demonstrável que deve ser aceita como válida para a sustentação de um raciocínio ou de um sistema teórico.

Questões para pesquisa e discussão

• Procure contextuar historicamente a cultura da época moderna no Ocidente.

• Compare as posições filosóficas de Descartes e Kant no que concerne ao conhecimento humano.

• Retome a gênese histórica da ciência no início da época moderna.

Leituras complementares

Descartes é considerado, com toda justiça, o pai da filosofia moderna, na medida em que esta se volta para a busca da fundamentação da atividade do conhecimento. Ele funda a orientação idealista da epistemologia, colocando no próprio sujeito a referência básica da validade de nosso conhecimento. Nesta passagem do seu famoso Discurso do método, *Descartes mostra como chegou à sólida verdade do cogito e quais critérios prevaleceram para tal.*

René Descartes (1596-1650), pensador francês do século XVII, fez seus estudos no Colégio Jesuíta de La Flèche. Cursou Direito em Poitiers, mas, espírito curioso e aguçado, pôs-se à procura de novos conhecimentos, viajando muito e acompanhando, com interesse, as experiências que os cientistas estavam começando a fazer fora dos ambientes universitários. Estuda a física copernicana, matemática e filosofia por conta própria. Engaja-se no exército de Maurício de Nassau, passa vários anos na Holanda, sempre estudando. Busca resgatar a metafísica em novas bases, de modo a poder conciliar suas verdades fundamentais com os novos conhecimentos da ciência nascente sobre o mundo e sobre o homem. Morre na Suécia, vítima de pneumonia, quando se transfere para Estocolmo com a finalidade de ensinar filosofia à rainha Cristina.

Escreveu: *Discurso do método* (1637); *Meditações metafísicas* (1641); *Os princípios da filosofia* (1644); *As paixões da alma* (1649); *O tratado do homem* (1662); *O tratado do mundo* (1664) e *Regras para a direção do espírito* (1701).

"Não sei se deva falar-vos das primeiras meditações que aí realizei; pois são tão metafísicas e tão pouco comuns, que não serão, talvez, do gosto de todo mundo. E, todavia, a fim de que se possa julgar se os fundamentos que escolhi são bastante firmes, vejo-me, de alguma forma, compelido a falar-vos delas. De há muito observara que, quanto aos costumes, é necessário às vezes seguir opiniões, que sabemos serem muito incertas, tal como se fossem indubitáveis, como já foi dito acima; mas, por desejar então ocupar-me somente com a pesquisa da verdade, pensei que era necessário agir exatamente ao contrário, e rejeitar como absolutamente falso tudo aquilo em que pudesse imaginar a menor dúvida, a fim de ver se, após isso, não restaria algo em meu crédito, que fosse inteiramente indubitável. Assim, porque os nossos sentidos nos enganam às vezes, quis supor que não havia coisa alguma que fosse tal como eles nos fazem imaginar. E, porque há homens que se equivocam ao raciocinar, mesmo no tocante às mais simples matérias de Geometria e cometem aí paralogismos, rejeitei como falsas, julgando que estava sujeito a falhar como qualquer outro, todas as razões que eu tomara até então por demonstrações. E enfim, considerando que todos os mesmos pensamentos que temos quando despertos nos podem também ocorrer quando dormimos, sem que haja nenhum, nesse caso, que seja verdadeiro, resolvi fazer de conta que todas as coisas que até então haviam entrado no meu espírito não eram mais verdadeiras que as ilusões de meus sonhos. Mas, logo em seguida, adverti que, enquanto eu queria assim pensar que tudo era falso, cumpria necessariamente que eu, que pensava, fosse alguma coisa. E, notando que esta verdade: *eu penso, logo existo,* era tão firme e tão certa que todas as mais extravagantes suposições dos céticos não seriam capazes de a abalar, julguei que podia aceitá-la, sem escrúpulo, como o primeiro princípio da Filosofia que procurava.

Depois, examinando com atenção o que eu era, e vendo que podia supor que não tinha corpo algum e que não havia qualquer mundo, ou qualquer lugar onde eu existisse, mas que nem por isso podia supor que não existia; e que, ao contrário, pelo fato mesmo de eu pensar em duvidar da verdade das outras coisas seguia-se mui evidente e mui certamente que eu existia; ao passo que, se apenas houvesse cessado de pensar, embora tudo o mais que alguma vez imaginara fosse verdadeiro, já não teria qualquer razão de crer que eu tivesse existido; compreendi por aí que era uma substância cuja essência ou natureza consiste apenas no pensar, e que, para ser, não necessita de nenhum lugar, nem depende de qualquer coisa material. De sorte que esse eu, isto é, a alma, pela qual sou o que sou, é inteiramente distinta do corpo e, mesmo, que é mais fácil de conhecer do que ele, e ainda que este nada fosse, ela não deixaria de ser tudo o que é.

Depois disso, considerei em geral o que é necessário a uma proposição para ser verdadeira e certa; pois, como acabava de encontrar uma que eu sabia ser exatamente assim, pensei que devia saber também em que consiste essa certeza. E, tendo notado que nada há no *eu penso, logo existo*, que me assegure de que digo a verdade, exceto que vejo muito claramente que, para pensar, é preciso existir, julguei poder tomar por regra geral que as coisas que concebemos mui clara e mui distintamente são todas verdadeiras, havendo apenas alguma dificuldade em notar bem quais são as que concebemos distintamente.

Em seguida, tendo refletido sobre aquilo que eu duvidava, e que, por conseqüência, meu ser não era totalmente perfeito, pois via claramente que o conhecer é perfeição maior do que o duvidar, deliberei procurar de onde aprendera a pensar em algo mais perfeito do que eu era; e conheci, com evidência, que deveria ser de alguma natureza que fosse de fato mais perfeita. No concernente aos pensamentos que tinha de muitas outras coisas fora de mim, como do céu, da terra, da luz, do calor e de mil outras, não me era tão difícil saber de onde vinham, porque não advertindo neles nada que me parecesse torná-los superiores a mim, podia crer que, se fossem verdadeiros, eram dependências de minha natureza, na medida em que esta possuía alguma perfeição; e se não o eram, que eu os tinha do nada, isto é, que estavam em mim pelo que eu possuía de falho. Mas não podia acontecer o mesmo com a idéia de um ser mais perfeito do que o meu; pois tirá-la do nada era manifestamente impossível; e, visto que não há menos repugnância em que o mais perfeito seja uma conseqüência e uma dependência do menos perfeito do que em admitir que do nada procede alguma coisa, eu não podia tirá-la tampouco de mim próprio. De forma que restava apenas que tivesse sido posta em mim por uma natureza que fosse verdadeiramente mais perfeita do que a minha, e que mesmo tivesse em si todas as perfeições de que eu poderia ter alguma idéia, isto é, para explicar-me numa palavra, que fosse Deus. A isso acrescentei que, dado que conhecia algumas perfeições que não possuía, eu não era o único ser que existia (usarei aqui livremente, se vos aprouver, alguns termos da Escola); mas que devia necessariamente haver algum outro mais perfeito, do qual eu dependesse e de quem eu tivesse recebido tudo o que possuía. Pois, se eu fosse só e independente de qualquer outro, de modo que tivesse recebido, de mim próprio todo esse pouco pelo qual participava do Ser perfeito, poderia receber de mim, pela mesma razão, todo o restante que sabia faltar-me, e ser assim eu próprio infinito, eterno, imutável, onisciente, todo-poderoso, e enfim ter todas as perfeições que podia notar existirem em Deus. Pois, segundo os raciocínios que acabo de fazer, para conhecer a natureza de Deus, tanto quanto a minha o era capaz, bastava considerar, acerca de todas as coisas de que achava em mim qualquer idéia, se era ou não perfeição possuí-las, e estava seguro de que nenhuma das que eram marcadas por alguma imperfeição existia nele, mas que todas as outras existiam. Assim, eu via que a dúvida, a inconstância, a tristeza e coisas semelhantes não podiam existir nele, dado que eu próprio estimaria muito estar isento delas. Além disso, eu tinha idéias de muitas coisas sensíveis e corporais; pois, embora supusesse que estava sonhando e que tudo quanto via e imaginava era falso, não podia negar, contudo, que as idéias a respeito não existissem verdadeiramente em meu pensamento; mas, por já ter reconhecido em mim mui claramente que a natureza inteligente é distinta da corporal, considerando que toda a composição testemunha dependência, e que a dependência é manifestamente um defeito, julguei por aí que não podia ser uma perfeição em Deus o ser composto dessas duas naturezas, e que, por conseguinte, ele não o era, mas que, se havia alguns corpos no mundo, ou então algumas inteligências, ou outras naturezas que não fossem inteiramente perfeitos, o seu ser deveria depender do poder de Deus, de tal sorte que não pudessem subsistir sem ele um só momento."

DESCARTES, R. *Discurso do método*. São Paulo, Abril Cultural, 1973, p. 54-55. Col. "Os Pensadores", vol. 15. (Trad. J. Guinsburg e Bento Prado Jr.)

Kant vai realizar uma grande síntese da filosofia moderna, unindo, com seu criticismo iluminista, o empirismo humeano e o idealismo cartesiano. O conhecimento é um compromisso estrutural das intuições sensíveis com as formas a priori *do entendimento. Assim, ele só será possível e válido enquanto se referir aos fenômenos (ciência) e não aos númenos (metafísica). Na passagem dos* Prolegômenos... *que se segue, Kant fala sobre essas condições.*

Immanuel Kant nasceu em 1724, em Konigsberg, cidade onde sempre esteve, chegando mesmo a reitor da universidade local, onde também estudou e foi professor de lógica e de metafísica. Foi fortemente marcado pelo luteranismo pietista de sua família. Levou vida tranqüila, austera e estudiosa, mas mesmo assim seu pensamento, pelo teor crítico, provocou-lhe perseguições e censuras. Suas idéias vigorosas transformaram-no no grande expoente da filosofia iluminista moderna e em uma das mais significativas referências do pensamento ocidental. Morreu em 1804.

Escreveu vários trabalhos de filosofia, de grande importância para o pensamento moderno: *Dissertação* (1770); *Crítica da razão pura* (1781); *Prolegômenos a toda metafísica futura* (1783); *O que significa iluminismo?* (1783); *A idéia de uma história universal*

"§ 27

É este o lugar de se minar pela base a dúvida de Hume. Ele afirmava com razão: não vemos de maneira alguma, pelo entendimento, a possibilidade da causalidade, isto é, da relação da existência de uma coisa com a existência de uma outra coisa qualquer, posta necessariamente pela primeira. Eu ainda acrescento que não vemos melhor o conceito de subsistência, isto é, da necessidade de a existência das coisas se fundar num sujeito, que por sua vez não pode ser o predicado de uma outra coisa qualquer, que nem sequer podemos formar um conceito da possibilidade de uma tal coisa (embora possamos mostrar exemplos de seu uso na experiência); esta incompreensibilidade estende-se também à comunidade das coisas, pois não se compreende de modo algum como se possa tirar do estado de uma coisa uma conseqüência sobre o estado de outras coisas além dela e reciprocamente, nem como as substâncias, cada uma dotada de existência própria e particular, devam depender necessariamente umas das outras. Contudo, estou bem longe de considerar estes conceitos como meramente derivados de experiência, e a necessidade, representada neles, como ilusão e simples aparência resultante de *de um ponto de vista cosmopolita* (1784); *Fundamentos da metafísica dos costumes* (1785); *Crítica da razão prática* (1788); *A religião nos limites da simples razão* (1793); *Tratado sobre a paz perpétua* (1795); *A antropologia de um ponto de vista pragmático* (1798); *Lógica* (1800).

longo hábito; muito mais, mostrei suficientemente que eles e os princípios dos mesmos são estabelecidos *a priori* anteriormente a toda experiência e possuem exatidão objetiva acima de qualquer dúvida, se bem que apenas no que diz respeito à experiência.

§ 28

Embora não tenha o mínimo conceito de uma tal conexão das coisas em si mesmas, de como elas existem como substância, ou de como agem como causa, ou como podem estar em comunidade com outras (como partes de um todo real), posso pensar menos ainda semelhantes propriedades nos fenômenos como fenômenos (pois aqueles conceitos não contêm nada do que está nos fenômenos, mas apenas o que o entendimento deve pensar), possuímos, entretanto, tal conceito de uma conexão desta espécie de representações em nosso entendimento e justamente no julgar em geral, a saber: as representações pertencem a uma classe de juízos, como sujeito em relação a predicados, a outra como causa em relação a um efeito e uma terceira, como partes que constituem todo um conhecimento possível. Além disso, conhecemos *a priori*: sem considerar a representação de um objeto como determinada em relação a um ou outro destes momentos, não poderíamos obter nenhum conhecimento válido do objeto e, se nos ocupássemos como objeto em si mesmo, não haveria um único indício possível, pelo qual pudesse conhecer, que fosse determinado em relação a um ou outro dos momentos pensados, isto é, que pertencesse ao conceito de substância, ou ao de causa, ou (em relação com outras substâncias) ao conceito de comunidade; pois, da possibilidade de uma tal conexão da existência não tenho conceito algum. Mas a questão não é como as coisas em si são determinadas, mas como o é o conhecimento de experiência das coisas em relação a momentos pensados de juízos em geral, isto é, de que maneira coisas, como objetos da experiência, podem e devem ser subsumidas sob aquele conceito de entendimento. Então fica claro que compreendo inteiramente não só a possibilidade, mas também a necessidade de subsumir todos os fenômenos sob estes conceitos, ou seja, utilizá-los como princípios da possibilidade da experiência.

§ 29

Para pôr à prova o conceito problemático de Hume (esta sua *crux metaphysicorum*), ou seja, o conceito de causa, é-me dada primeiramente *a priori,* pela lógica a forma de um juízo condicionado em geral, a saber, um conhecimento dado utilizável como fundamento e um outro como conseqüência. Mas é possível que seja encontrada na percepção uma regra da relação, que afirme: um determinado fenômeno segue regularmente outro (embora não inversamente), e este é um caso para me servir do juízo hipotético e dizer, por exemplo: se um corpo fica exposto ao sol por tempo suficiente, torna-se quente. Aqui não há ainda, na verdade, uma necessidade de conexão e nem, por conseguinte, o conceito de causa. Mas continuo e digo: se a proposição anterior, que é apenas uma conexão subjetiva de percepções, deve ser uma proposição de experiência, deve ser considerada necessária e válida universalmente. Tal proposição seria, pois: o sol é, através de sua luz, a causa do calor. A regra empírica anterior é agora considerada lei, e assim não só válida para fenômenos, mas para fenômenos que visam a uma experiência possível, a qual necessita de regras universais e necessariamente válidas. Compreendo, portanto, muito bem o conceito de causa como um conceito pertencendo necessariamente à simples forma da experiência e sua possibilidade como uma união sintética das percepções numa consciência em geral; não compreendo, porém, de maneira alguma, a possibilidade de uma coisa em geral como uma causa, e isto porque o conceito de causa designa uma condição inerente não às coisas, mas à experiência, a saber, que esta só pode ser um conhecimento objetivamente válido dos fenômenos e de sua sucessão no tempo na medida em que o antecedente pode ser ligado ao conseqüente, segundo regras dos juízos hipotéticos.

§ 30

Eis por que os conceitos de entendimento puro não têm nenhuma significação, quando se afastam dos objetos da experiência e querem ser relacionados apenas coisas em si mesmas (*noúmena*). Servem, de algum modo, apenas para soletrar fenômenos, a fim de que possam ser lidos como experiência; os princípios que brotam de sua relação com o mundo sensível servem apenas ao nosso entendimento para o uso da experiência; além disso, são ligações arbitrárias sem realidade objetiva, cuja possibilidade não se pode conhecer *a priori,* nem comprovar, ou tornar inteligível sua relação com objetos por nenhum exemplo, isto porque todos os exemplos só podem ser tirados de uma experiência qualquer e, por conseguinte, também os objetos destes conceitos não podem ser encontrados, a não ser numa experiência possível.

Esta solução completa do problema de Hume, apesar de contrária à pressuposição de seu autor, salva, pois, aos conceitos do entendimento puro sua origem *a priori* e às leis universais da natureza sua validade como leis do entendimento de tal maneira que limita seu uso na experiência, porque sua possibilidade só tem fundamento na relação do entendimento com a experiência; não no sentido que elas derivam da experiência, mas que a experiência deriva delas, uma maneira bem diversa de conexão, da qual Hume nunca suspeitou.

Daqui sai o resultado de todas as pesquisas precedentes: "Todos os princípios *a priori* nada mais são que princípios de experiência possível" e não podem ser nunca relacionados com coisas em si mesmas, mas somente com fenômenos como objetos da experiência. Por isso, tanto a matemática pura como a ciência pura da natureza nunca podem ir além dos meros fenômenos e representam apenas aquilo que torna possível uma experiência em geral ou o que, sendo derivado destes princípios, deve poder ser representado, em todo o tempo, em qualquer experiência possível.

§ 31

Temos, enfim, algo de determinado em que nos apoiar em todas as tentativas metafísicas, que até agora, suficientemente audazes, mas sempre cegas, foram além de tudo sem distinção. Pensadores dogmáticos nunca se convenceram de que o objetivo de seus esforços devia circunscrever-se em tão estreitos confins; nem mesmo aqueles que, fiando-se em sua razão pretensamente sadia, partindo de conceitos e princípios da razão pura, legítimos e naturais, mas de uso apenas de experiência, pretendiam chegar a conclusões das quais não conheciam nenhum limite determinado, nem podiam conhecer, por nunca haverem pensado ou ousado pensar sobre a natureza e mesmo a possibilidade de tal entendimento puro.

Algum naturalista da razão pura (sob este nome entendo aquele que se atreve a decidir, sem nenhuma ciência, sobre as coisas da metafísica) poderia muito bem opor que tudo que foi exposto aqui com tanto aparato ou, se o agrada mais, com prolixa e pedante solenidade, já desde há muito não só presumiu, através de seu espírito adivinhatório, como soube e viu: "que na verdade com toda nossa razão, nunca podemos ir além do campo da experiência". Todavia, se ele, simplesmente, é pouco a pouco interrogado a respeito de seus princípios da razão, deve confessar que entre eles estão muitos que não tirou da experiência, que, portanto, são independentes desta e válidos *a priori*, como e com quais motivos quer ele impor limites ao dogmático e a si mesmo, pretendendo servir-se destes conceitos e princípios para além de toda experiência possível, justamente por serem conhecidos independentemente desta. E mesmo ele, este adepto da razão sadia, não obstante sua pretensa sabedoria adquirida a preço baixo, não está seguro de não se desviar dos objetos da experiência, para cair no campo das quimeras. Também aí se encontra, de ordinário, suficientemente envolvido, embora por sua linguagem popular, pois considera tudo meras verossimilhanças, conjecturas racionais ou analogias, dá certo colorido a suas pretensões infundadas.

§ 32

Desde os tempos mais remotos da filosofia, os pesquisadores da razão pura conceberam, além dos seres sensíveis ou fenômenos (*phaenómena*), que constituem o mundo sensível, seres inteligíveis (*noúmena*), que deveriam constituir o mundo inteligível, e, como confundiam fenômeno com aparência (coisa desculpável numa época ainda inculta), atribuíram realidade apenas aos seres inteligíveis.

De fato, quando consideramos os objetos dos sentidos — como é justo — simples fenômenos, então admitimos, ao mesmo tempo, que uma coisa em si mesma lhes serve de fundamento, apesar de não a conhecermos como é constituída em si mesma, mas apenas seu fenômeno, isto é, a maneira como nossos sentidos são afetados por este algo desconhecido. O entendimento, portanto, justamente por admitir fenômenos, aceita também a existência das coisas em si mesmas, donde podemos afirmar que a representação de tais seres, que servem de fundamento aos fenômenos, e, por conseguinte, a representação de simples seres inteligíveis, não só é admissível como inevitável.

Nossa dedução crítica não exclui de maneira alguma tais coisas (*noúmena*), mas só limita os princípios da estética, de modo a não se estenderem a todas as coisas, o que transformaria tudo em meros fenômenos, mas a serem válidos somente como objetos de uma experiência possível. Através disso admitem-se seres inteligíveis, somente com a limitação desta regra, que não admite exceção: que não sabemos, nem podemos saber, nada de determinado destes seres inteligíveis puros, porque nossos conceitos de entendimento puro, bem como nossas intuições puras, referem-se apenas a objetos de uma experiência possível, portanto, a meros seres sensíveis e, tão logo nos desviemos deles, tais conceitos deixam de ter a mínima significação.

§ 33

Há, na verdade, algo de capcioso com nossos conceitos de entendimento puro, com respeito à atração que exercem para um uso transcendente; assim denomino aquele que vai além de toda experiência possível. Não apenas enquanto nossos conceitos de substância, de força, de ação, de realidade etc., são totalmente independentes da experiência e, por não conterem nenhum fenômeno dos sentidos, pois parecem na verdade referir-se a coisas em si mesmas (*noúmena*), mas, o que ainda corrobora esta suposição, encerram em si uma necessidade da determinação, à qual a experiência nunca consegue igualar-se. O conceito de causa contém uma regra segundo a qual a um estado se segue necessariamente um outro; mas a experiência só pode nos mostrar que muitas vezes, ou mais comu-

116

mente, a um estado das coisas sucede outro, e não pode, portanto, gerar nem universalidade rigorosa, nem necessidade etc.

Donde parecem ter os conceitos do entendimento muito mais significado e conteúdo do que poderia exaurir o simples uso da experiência de todas as suas determinações, e assim constrói o entendimento para si, imperceptivelmente, ao lado do edifício da experiência, um anexo muito mais vasto, que é preenchido apenas com seres pensantes, sem ao menos reparar que, com seus conceitos aliás legítimos, foi além dos limites de seu uso.

§ 34

Eram necessárias, portanto, duas investigações importantes, até mesmo indispensáveis, embora sumamente áridas, empreendidas na *Crítica*, p. 137 etc., e 235 etc. Pelas primeiras ficou provado que os sentidos não fornecem os conceitos de entendimento puro em concreto, mas apenas o esquema para o uso dos mesmos, e que o objeto a ele conforme só se encontra na experiência (como produto do entendimento tirado dos materiais da sensibilidade). Na segunda investigação (*Crítica,* p. 235), mostra-se: não obstante a independência de nossos conceitos de entendimento puro e princípios de experiência e mesmo o âmbito aparentemente maior de seu uso, todavia, por meio desta nada pode ser pensado fora do campo da experiência, porque nada podem fazer a não ser determinar apenas a forma lógica do juízo em relação a intuições dadas; mas, como não há intuição além do campo da sensibilidade, falta a estes conceitos puros toda e qualquer significação, pois não podem ser representados de maneira nenhuma em concreto, conseqüentemente, todos os *noúmena* bem como o conjunto dos mesmos, de um mundo inteligível, nada mais são que representações de um problema, cujo objeto é possível em si, mas cuja solução, de acordo com a natureza de nosso entendimento, é totalmente impossível, visto não ser nosso entendimento um poder da intuição, mas apenas a conexão de intuições dadas numa experiência e que com isto ela deve conter os objetos correspondentes aos nossos conceitos, ao passo que fora dela todos os conceitos são destituídos de significação, já que nenhuma intuição pode lhes servir de fundamento."

KANT, I. *Prolegômenos a toda metafísica futura.* São Paulo, Abril Cultural, 1980, p. 48-50. Col. "Os Pensadores". (Trad. Tânia M. Bernkopf.)

Capítulo 8

A ciência como conhecimento lógico-experimental do mundo e a visão naturalista do homem

A ciência, na Idade Moderna, foi se formando simultaneamente no plano teórico e no plano prático. Como vimos no capítulo 4, as condições histórico-culturais estavam dadas no período para que a humanidade avançasse mais esse passo de expansão de sua consciência. No plano filosófico, duas premissas foram colocadas: o *racionalismo,* enquanto afirmação radical da autonomia e do poder da razão humana como único instrumento do saber verdadeiro, e o *naturalismo* enquanto afirmação de que a natureza esgota a realidade, devendo trazer em si sua própria explicação.

O projeto iluminista da modernidade consistiu exatamente em construir um novo sistema de saber, distinto tanto do sistema teológico como do sistema metafísico, que esclarecesse a totalidade do universo com os recursos da razão natural.

Toda a filosofia moderna se desenvolveu nessa direção, mesmo que tenha ocorrido aparentes regressões metafísicas. Não é sem razão que se considera Descartes também como um dos pais da ciência moderna, pois, apesar de ter desenvolvido um novo sistema metafísico, ele lançou, com seu racionalismo e com sua idéia de extensão como fundamento do mundo natural, bases epistemológicas e metodológicas também para a física. Com efeito, Descartes atirou no que viu e acertou no que não viu...

A ciência é, ao mesmo tempo, um saber teórico sobre o mundo e um poder prático sobre ele

Como se caracteriza o trabalho da ciência? Como se dá o conhecimento científico? Já vimos que o conhecimento que a ciência propicia é *aquele que apreende o objeto como fenômeno.* A ciência não pretende ir além dessa fenomenalidade. No entanto, o que se busca é estabelecer *relações de causa e efeito entre os fenômenos.*

A ciência moderna foi se formando a partir da percepção que alguns pensadores foram tendo, para além do senso comum, de que os fenômenos do mundo natural se manifestam, se "comportam" dentro de uma certa regularidade, de tal modo que os cientistas acabaram pressupondo que o universo forma um *sistema completo de regularidades.* Os fenômenos se manifestam sempre da mesma forma, como que obedecendo a *leis.*

E quando a ciência afirma que conhece o mundo fenomenal, está dizendo apenas que conseguiu explicar essas leis que estão dirigindo o comportamento dos fatos, de tal modo que as *mesmas causas produzem os mesmos efeitos.*

Só que de causalidade já falavam também os metafísicos! Mas, para a ciência, trata-se de outro nível de causalidade, já que ela não avança até o nível da essência; portanto, a ciência não pode afirmar que um fenômeno "cria" o outro, no sentido que o estaria produzindo na sua essência. Para a ciência, a causalidade é uma relação que *liga dois fenômenos, de maneira constante.* Mas essa relação causal constante é basicamente uma relação *funcional,* ou seja, dado um conjunto de fenômenos, num determinado estado, seguirá necessariamente outro conjunto de fenômenos, num outro determinado estado. O que aconteceu entre um e outro estado? Uma alteração *quantitativa,* isto é, ocorrendo fenômenos em estado anteriormente medido seguir-se-ão fenômenos que, posteriormente medidos, apresentam-se modificados em sua quantificação.

Assim, para dar um exemplo, quando se diz que o calor dilata os metais, a física não está querendo dizer que é da essência do calor dilatar os metais, como se estivesse ocorrendo uma mudança qualitativa. É claro que nossos sentidos percebem mudanças qualitativas em suas impressões, mas estas são subjetivas, dependem da impressão pessoal de cada um. O que a física está querendo dizer é "que ao aumento da temperatura a que é submetida uma barra de metal, ocorre um aumento proporcional de tamanho da barra". Logo, o que ela está afirmando é que a dilatação é função da temperatura: $d = f(t)$. Dilatação se mede em centímetros e temperatura se mede em graus.

O cientista quer dizer ainda que toda vez que uma barra de metal for submetida a uma variação de temperatura, sofrerá uma dilatação, em determinada proporção que se mantém constante. Isso significa que estamos dian:e de uma *lei científica,* que expressa, pois, uma *relação causal constante entre fenômenos.*

A existência de leis que governam a natureza leva a ciência a pressupor o *determinismo universal;* isto é, o universo, tal qual ele existe, funciona sempre da mesma maneira, não se prevendo exceções. Quando se encontra a ocorrência de uma "exceção", de uma perturbação, é que está interferindo uma outra *variável,* ou seja, um outro fenômeno está interagindo com as primeiras variáveis.

Variáveis são os fenômenos que se interligam por uma determinada relação que é constante. Em nosso exemplo, a temperatura e o metal são variáveis e a constante é a relação de proporção de dilatação que vai estar sempre numa mesma proporção, qualquer que seja a temperatura e qualquer que seja a barra de metal.

Obviamente, o próprio calor já é um fenômeno resultante de outros fenômenos físico-químicos. E a ciência pode pesquisar e encontrar na estrutura atômica dos elementos a causa da alteração da temperatura, ou seja, pode-se *medir* novamente causa, efeito e relação. Nem por isso está se chegando à essência do calor... no sentido em que assim pensavam os metafísicos.

Este novo modo de conhecimento exige também um novo método...

Se quer lidar apenas com fenômenos, é preciso adotar procedimentos lógicos e técnicas operativas adequados à apreensão dos mesmos. Só os procedimentos intelectuais de que se serviram os metafísicos não são mais suficientes.

O método científico é o conjunto de procedimentos lógicos e de técnicas operacionais que permitem ao cientista descobrir as relações causais constantes que existem entre os fenômenos. Quando está buscando descobrir tais relações, o cientista está pesquisando, está investigando. E faz isso praticando, aplicando o método científico.

O quadro a seguir representa a estrutura lógica do método científico. Trata-se de uma esquematização geral, pois o processo da descoberta científica é um processo extremamente complexo, nunca se partindo de uma situação simples que fosse isenta de interferências de variada natureza. Mas o esquema ajuda a entendê-lo em sua generalidade, na sua espinha dorsal.

A ESTRUTURA LÓGICA DO MÉTODO CIENTÍFICO

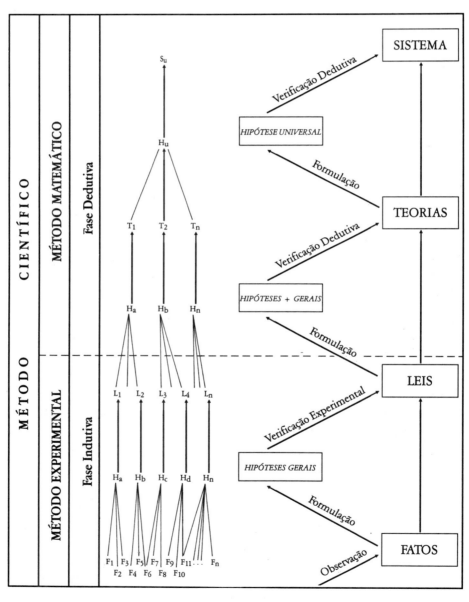

Ao trabalhar com seu método, a primeira atividade do cientista é a *observação de fatos*. Num primeiro momento, essa observação pode ser casual e espontânea, como, por exemplo: todos nós vemos cotidianamente os objetos largados a si mesmos caírem no chão. Mas posso começar a jogar no chão de maneira sistemática, planejada, organizada. O que interessa é que sejam os mesmos fatos, eventualmente em circunstâncias variadas.

Mas os fatos nem sempre se explicam por si sós. Por mais que vejamos objetos caírem, não conseguimos observar por que eles caem! Aqui é preciso avançar uma consideração complicadora: na realidade, "fatos brutos" não existem, propriamente falando, não dizem nada: quando "observamos" fatos, já estamos "problematizados", sentindo alguma dificuldade e já de posse de algum esquema de percepção. Estamos querendo exatamente saber por que tais fatos estão ocorrendo desta maneira. Por isso, não basta *ver*, é necessário *olhar*, e para tanto já é preciso estar problematizado e a presença do problema é de ordem racional, lógica.

O problema se formula então como a questão pela *causa* dos fenômenos observados, qual a relação causal constante entre eles. Aí entra em ação novamente o poder lógico da razão: a razão, com sua criatividade, *formula uma hipótese*, ou seja, propõe uma determinada relação causal como explicação.

Newton, após observar os corpos caírem, levantou então a hipótese de que eles caíam em decorrência de uma atração recíproca, intuindo que poderia ser uma força de atração proporcional às massas e às distâncias.

Formulada a hipótese, o cientista volta ao campo experimental para verificá-la. É o momento da *verificação experimental*, do teste da hipótese. Isolam-se, em condições laboratoriais, as variáveis que se supõe em relação e observa-se o seu comportamento. Se confirmada a hipótese, tem-se então a *lei*.

Trata-se de um princípio geral que unifica uma série ilimitada de fatos: vários fatos particulares se explicam mediante um único princípio que dá conta assim de uma multiplicidade de fatos.

Por outro lado, pode ocorrer ainda que várias leis referentes a vários setores de fenômenos podem, por sua vez, serem unificadas numa lei mais abrangente, que é a *teoria*. Explica assim, num nível mais geral ainda, um conjunto maior de fatos aparentemente diferentes entre si. Finalmente, várias teorias poderiam se resumir numa única teoria/lei que explicasse todo o funcionamento do universo: tal seria o *sistema,* que não foi estabelecido ainda, mas que é desejado pelos cientistas.

Se observarmos agora o esquema no sentido horizontal, veremos que o método científico se compõe de dois momentos: o *momento experimental* e o *momento matemático.* O método científico é um método experimental-matemático, notando-se que no momento experimental está em curso a *fase indutiva* do método, enquanto no momento matemático a ciência se constrói em sua *fase dedutiva.*

Indução e *dedução* são duas formas de raciocínio, isto é, procedimentos racionais de argumentação ou de justificação de uma hipótese.

No caso do raciocínio indutivo, da indução, ocorre um *processo de generalização* pelo qual o cientista passa do particular para o universal. De *alguns* fatos observados, ele conclui que a relação identificada se aplica a *todos* os fatos da mesma espécie, mesmo àqueles não observados. O que se constatou de uma amostra é estendido a toda a população de casos da mesma espécie.

Assim, após constatar que, até o momento, um determinado número de homens morreram, chega-se à conclusão, por indução, de que todos os homens são mortais!

Já quando, em função do conhecimento de que todos os homens são mortais, concluo que um determinado homem que encontro vai morrer, esta conclusão é estabelecida por dedução. Trata-se de uma passagem do universal para o particular e para o singular; de um princípio geral deduzimos outros menos gerais até fatos particulares.

A ciência trabalha, pois, com raciocínios indutivos e com raciocínios dedutivos. Quando passa dos fatos às leis, mediante hipóteses, está trabalhando com a indução; quando passa das leis às teorias ou destas aos fatos, está trabalhando com a dedução.

O processo lógico-dedutivo está presente na ciência sobretudo na sua matematização, pois a matemática é a sua linguagem por excelência e a matemática é uma linguagem lógico-dedutiva.

A ciência implica uma visão mecânica do mundo e uma visão naturalista do homem

Foi esse o método adotado pelos cientistas que lhes permitiu construir uma imagem mecânica do mundo. O mundo natural é um conjunto de partículas em movimento, dotadas de energia, e que se ligam entre si numa relação causal constante, os fenômenos interagindo sempre entre si de acordo com "leis fixas e imutáveis", gerando assim uma total regularidade do funcionamento do universo.

Podemos aqui retomar os três grandes pressupostos do conhecimento científico, isto é, o conhecimento produzido pela ciência só terá consistência se o cientista aceitar, de partida, o *determinismo universal,* o *naturalismo* e o *racionalismo.*

Com esse método, a ciência teve pleno êxito na era moderna. Esse sucesso explicativo foi reforçado pelo seu poder em manipular o mundo mediante a *técnica,* por cuja formação e desenvolvimento ela é a responsável direta. A ciência se legitimou assim por essa sua eficácia operatória, com a qual forneceu aos homens recursos reais elaborados para a sustentação de sua existência material. A técnica serviu de base para a *indústria,* para a revolução industrial, o que ampliou, sobremaneira, o poder do homem em manipular a natureza.

Esse método permitiu, com máxima fecundidade, a formação e o desenvolvimento do sistema das ciências naturais. Sob a influência do positivismo, ele foi aplicado, ainda que mais tardiamente, também às ciências humanas. Com efeito, o homem é um *ser natural* como todos os demais (naturalismo), submisso assim a leis de regularidade (determinismo), acessível portanto aos procedimentos de observação e de experimentação (experimentalismo). Por isso é que Comte insistia em criar uma "física social", cujo objeto seria o homem, indivíduo ou sociedade.

Para a ciência, o real se esgota na ordem natural do universo físico, à qual tudo se reduz, incluindo o homem e a própria razão, que é razão natural. O homem se constitui então como um organismo vivo, regido pelas leis da natureza, tanto no plano individual como no social, leis que determinam sua maneira de ser e de agir.

Assim, os valores e critérios de sua ação se encontram expressos na própria natureza sob a forma de leis de funcionamento que se pode conhecer pelas várias ciências, aplicando-se o método científico, simultaneamente experimental e matemático.

A ética, fundada na perspectiva científica, tem seus critérios fundamentalmente técnico-funcionais. É válido e bom tudo aquilo que condiz com as leis da vida natural dos homens...

Esclarecendo alguns conceitos

Indução: procedimento lógico pelo qual se passa de alguns fatos particulares a um princípio geral. Trata-se de um processo de generalização, fundado no pressuposto filosófico do determinismo universal. Pela indução, estabelece-se uma lei geral a partir da repetição constatada de regularidades em vários casos particulares; da observação de reiteradas incidências de uma determinada regularidade, conclui-se pela sua ocorrência em todos os casos possíveis.

Dedução: procedimento lógico, raciocínio, pelo qual se pode tirar de uma ou de várias proposições (premissas) uma conclusão que delas decorre por força puramente lógica. A conclusão segue-se necessariamente das premissas.

Determinismo universal: princípio segundo o qual todos os fenômenos da natureza são rigidamente determinados e interligados entre si, de acordo com leis que expressam relações causais constantes.

Lei científica: enunciado de uma relação causal constante entre fenômenos ou elementos de um fenômeno. Relações necessárias, naturais e invariáveis. Fórmula geral que sintetiza um conjunto de fatos naturais, expressando uma relação funcional constante entre variáveis.

Variável: é todo fato ou fenômeno que se encontra numa relação com outros fatos, enquanto submetido a um processo de variação, qualquer que seja o tipo de variação com relação a alguma propriedade ou grau, a variação de um fato se correlacionando com a variação do outro. Exemplo: o calor dilatando o metal.

Teoria: conjunto de concepções, sistematicamente organizadas; síntese geral que se propõe explicar um conjunto de fatos cujos subconjuntos foram explicados pelas leis.

Sistema: conjunto organizado cujas partes são interdependentes, obedecendo a um único princípio, entendido este como uma lei absolutamente geral, uma proposição fundamental.

Hipótese: proposição explicativa provisória de relações entre fenômenos, a ser comprovada ou infirmada pela experimentação. Se confirmada, transforma-se na lei.

Questões para pesquisa e discussão

• Procure ver, nos textos de ciências utilizados no curso, como se desenrola o processo de descoberta científica, percorrendo as várias etapas de aplicação do método.

• Por que a matemática é a forma mais adequada de expressão da realidade tal qual é conhecida pela ciência?

• Procure, em seus textos de estudo, exemplos de procedimentos indutivos e dedutivos.

Leitura complementar

Comte expõe sinteticamente nesta passagem da Introdução de seu Curso de Filosofia Positiva, *a natureza da filosofia positiva, ou seja, do próprio conhecimento científico. Mostra, em seguida, a quais domínios já chegou esse "espírito positivo", e que falta apenas chegar ao âmbito dos fenômenos humanos. Daí sua proposta de constituição da* física social. *Eis aí o lançamento dos alicerces das ciências humanas, em geral, e da Sociologia, em particular.*

Auguste Comte nasceu em 1798, em Montpellier, na França. É considerado o criador do positivismo. Foi secretário de Saint-Simon, outro pensador francês e militante socialista. Comte acabou se desentendendo com Saint-Simon por discordar dele na maneira de desencadear a reforma política da sociedade. Diferentemente de seu mestre, Comte queria reformar a sociedade realizando, primeiro, contudo, uma reforma da inteligência. Para ele, a desordem social decorria da ignorância. Só que os saberes até então vigentes na sociedade ocidental, a teologia e a metafísica, não eram suficientemente capazes para esclarecer o espírito humano. Só a ciência seria capaz de fazê-lo. Propõe então sua filosofia positiva como fundamento de todo saber válido. Justifica sua proposta fazendo uma história do espírito humano, formulando a teoria dos três estados pelos quais o espírito humano teria passado: o estado teológico, o estado metafísico e o estado positivo, sendo este o estado definitivo da humanidade.

Seu pensamento está exposto e em várias obras: *Opúsculos de filosofia social* (1828); *Curso de Filosofia Positiva* (1830); *Catecismo positivista* (1852); *Sistema de política positivista* (1854).

Comte acaba querendo reconstruir a religião sob uma perspectiva positivista. Assim o positivismo, originariamente uma funda-

"IV — Depois de ter assim estabelecido, tanto quanto o posso fazer sem entrar numa discussão especial que estaria deslocada neste momento, a lei geral do desenvolvimento do espírito humano, tal como a concebo, nos será mais fácil determinar com precisão a própria natureza da filosofia positiva, o objeto essencial deste discurso.

Vemos, pelo que precede, que o caráter fundamental da filosofia positiva é tomar todos os fenômenos como sujeitos a *leis* naturais invariáveis, cuja descoberta precisa e cuja redução ao menor número possível constituem o objetivo de todos os nossos esforços, considerando como absolutamente inacessível e vazia de sentido para nós a investigação das chamadas *causas,* sejam primeiras, sejam finais. É inútil insistir muito sobre um princípio, hoje tão familiar a todos aqueles que fizeram um estudo um pouco aprofundado das ciências de observação. Cada um sabe que, em nossas explicações positivas, até mesmo as mais perfeitas, não temos de modo algum a pretensão de expor as *causas* geradoras dos fenômenos, posto que nada mais faríamos então além de recuar a dificuldade. Pretendemos somente analisar com exatidão as circunstâncias de sua produção e vinculá-las umas às outras, mediante relações normais de sucessão e de similitude.

Assim, para citar o exemplo mais admirável, dizemos que os fenômenos gerais do universo são *explicados,* tanto quanto o podem ser, pela lei de gravitação newtoniana; porque, de um lado, essa bela teoria nos mostra toda a imensa variedade dos fatos astronômicos, como constituindo apenas um único e mesmo fato considerado de diversos

mentação filosófica da ciência e uma expressão de seu método e alcance, transformou-se também numa nova religião, inclusive contando até com uma organização eclesiástica.

O positivismo muito marcou a cultura brasileira, tanto no plano religioso e político como também, posteriormente, no plano científico.

pontos de vista: a tendência constante de todas as moléculas umas em relação às outras na razão direta de suas massas e na razão inversa do quadrado das distâncias. Enquanto, de outro lado, esse fato geral se nos apresenta como simples extensão de um fenômeno eminentemente familiar e que, por isso mesmo, o consideramos como particularmente conhecido, a gravidade dos corpos na superfície da terra. Quanto a determinar o que são nelas próprias essa atração e essa gravidade, quais são suas causas são questões que consideramos insolúveis, não pertencendo mais ao domínio da filosofia positiva, e que abandonamos com razão à imaginação dos teólogos ou à sutileza dos metafísicos. A prova manifesta da impossibilidade de obter tais soluções reside em que, todas as vezes que se procurou dizer a esse propósito algo verdadeiramente racional, os maiores espíritos só puderam definir um dos princípios pelo outro, dizendo, no que respeita à atração, não ser outra coisa que a gravidade universal e, em seguida, no que respeita à gravidade, consistir simplesmente na atração terrestre. Tais explicações, que fazem *sorrir* tão logo alguém pretenda conhecer a natureza íntima das coisas e o modo de geração dos fenômenos, constituem, porém, tudo o que podemos obter de mais satisfatório, mostrando-nos como idênticas duas ordens de fenômenos, que por muito tempo foram tomados como não tendo nenhuma relação entre eles. Nenhum espírito justo procura hoje ir mais longe.

Seria fácil multiplicar exemplos, inúmeros durante o andamento deste curso, por quanto este é o espírito que agora dirige exclusivamente as grandes combinações intelectuais. Para citar apenas neste momento um único dentre os trabalhos contemporâneos, escolherei a bela série de pesquisas do Sr. Fourier sobre a teoria do calor. Oferece-nos a verificação muito sensível das observações gerais precedentes. Neste trabalho, cujo caráter filosófico é tão eminentemente positivo, as leis mais importantes e precisas dos fenômenos termológicos se encontram desvendadas, sem que o autor tenha inquirido uma única vez sobre a natureza íntima do calor, sem que tenha mencionado, a não ser para indicar sua vacuidade, a tão agitada controvérsia entre os partidários da matéria calórica e aqueles que fazem consistir o calor em vibrações dum éter universal. No entanto, trata-se nessa obra das mais altas questões, muitas das quais nunca nem mesmo tinham sido colocadas, prova capaz de que o espírito humano, sem se lançar em problemas inalcançáveis, e restringindo-se a investigações de ordem inteiramente positiva, pode encontrar aí alimento inesgotável para sua atividade mais profunda.

V — Depois de ter caracterizado, tão exatamente quanto me é permitido fazê-lo nesta visão panorâmica, o espírito da filosofia positiva, tarefa que o curso inteiro está destinado a desenvolver, devo agora examinar que época de sua formação atingiu hoje essa filosofia, e o que resta a fazer para completar sua constituição.

Para isso é preciso, de início, considerar que os diferentes ramos de nossos conhecimentos não necessitaram percorrer com igual velocidade as três grandes fases de seu desenvolvimento indicadas acima, nem, por conseguinte, chegar simultaneamente ao estado positivo. Existe, a esse respeito, uma ordem invariável e necessária que nossos diversos gêneros de concepções seguiram e tiveram de seguir em sua progressão, e cuja consideração exata é o complemento indispensável da lei fundamental precedentemente enunciada. Essa ordem será o assunto especial da próxima lição. Basta-nos, por hora, saber que se conforma com a natureza diversa dos fenômenos e que se determina por seu grau de generalidade, de simplicidade e de independência recíprocas, três considerações que, embora distintas, concorrem ao mesmo fim. Desse modo, primeiro os fenômenos astronômicos, como sendo os mais gerais, simples e independente de todos, e, sucessivamente, pelas mesmas razões, os fenômenos da física terrestre propriamente ditos, os da química, e enfim os fenômenos fisiológicos foram conduzidos às teorias positivas.

É impossível determinar a origem precisa dessa revolução, pois é possível dizer com exatidão, como de todos os outros grandes acontecimentos humanos, que se processou constante e gradativamente desde, de modo particular, os trabalhos de Aristóteles e da escola de Alexandria e, em seguida, desde a introdução das ciências naturais na Europa ocidental pelos árabes. No entanto, já que convém fixar uma época para impedir a divagação das idéias, indicarei a data do grande movimento impresso ao espírito humano, há dois séculos, pela ação combinada dos preceitos de Bacon, das concepções de Descartes e das descobertas de Galileu, como o momento em que o espírito da filosofia positiva começou a pronunciar-se no mundo, em oposição evidente ao espírito teológico e metafísico. É então que as concepções positivas se desprenderam nitidamente do amálgama supersticioso e escolástico que encobria, de certo modo, o verdadeiro caráter de todos os trabalhos anteriores.

VI — Desde essa época memorável, o movimento de ascensão da filosofia positiva e o movimento de decadência da filosofia teológica e metafísica foram extremamente realçados. Pronunciaram-se, enfim, de tal modo que hoje se tornou impossível, a todos os observadores conscientes de seu século, desconhecer a destinação final da inteligência humana para os estudos positivos, assim como seu afastamento, de agora em diante irrevogável, destas vãs doutrinas e destes métodos provisórios, que só poderiam convir a seus primeiros passos. Essa revolução fundamental se cumprirá, assim, necessariamente em toda a sua extensão. Se lhe resta ainda alguma conquista a fazer, algum ramo principal do domínio intelectual a invadir, podemos estar certos de que a transformação se operará do mesmo modo por que se efetuou em todos os outros. Pois seria evidentemente contraditório supor que o espírito humano, tão disposto à unidade de método, conservasse indefinidamente, para uma única classe de fenômenos, sua maneira primitiva de filosofar, quando uma vez chegou a adotar para todo o resto novo andamento filosófico, de caráter absolutamente oposto.

Tudo se reduz, pois, a uma simples questão de fato. A filosofia positiva, que, nos dois últimos séculos, tomou gradualmente tão grande extensão, abraça hoje todas as ordens de fenômenos? É evidente que isto não ocorre e, por conseguinte, resta ainda uma grande operação científica a executar para dar à filosofia positiva este caráter de universalidade indispensável à sua constituição definitiva.

Nas quatro categorias principais de fenômenos naturais, enumeradas há pouco, fenômenos astronômicos, físicos, químicos e fisiológicos, notamos uma lacuna essencial relativa aos fenômenos sociais que, embora compreendidos implicitamente entre os fisiológicos, merecem, seja por sua importância, seja pelas dificuldades próprias a seu estudo, formar uma categoria distinta. Essa última ordem de concepções, que se reporta a fenômenos mais particulares, mais complicados e mais dependentes de todos os outros, teve necessariamente por isso de aperfeiçoar-se mais lentamente do que todos os precedentes, mesmo sem levar em conta os obstáculos mais especiais que consideraremos mais tarde. Seja como for, é evidente que ainda não entrou no domínio da filosofia positiva. Os métodos teológicos e metafísicos que, relativamente a todos os outros gêneros de fenômenos, não são mais agora empregados por ninguém, quer como meio de investigação, quer até mesmo como meio de argumentação, são ainda utilizados, nesta ou naquela direção, em tudo o que concerne aos fenômenos sociais, a despeito de essa insuficiência já ser percebida por todos os bons espíritos, cansados de vãs contestações intermináveis entre o direito divino e a soberania do povo.

Eis a grande mas, evidentemente, única lacuna que se trata de preencher para constituir a filosofia positiva. Já agora que o espírito humano fundou a física celeste: a física terrestre, quer mecânica, quer química; a física orgânica, seja vegetal, seja animal, resta-lhe, para terminar o sistema das ciências de observação, fundar a *física social*. Tal é hoje, em várias direções capitais, a maior e mais urgente necessidade de nossa inteligência. Tal é, ouso dizer, o primeiro objetivo deste curso, sua meta especial.

As concepções, que tentarei apresentar a respeito do estudo dos fenômenos sociais e de que espero fazer com que este discurso já deixe entrever o germe, não poderiam pretender dar imediatamente à física social o mesmo grau de perfeição que possuem os ramos anteriores da filosofia natural, o que seria evidentemente quimérico, porquanto estas já apresentam entre elas, a esse propósito, extremas desigualdades, aliás, inevitáveis. Mas serão destinadas a imprimir a essa última classe de nossos conhecimentos o caráter positivo que todas as outras já tomaram. Se essa condição for uma vez realmente preenchida, o sistema filosófico dos modernos estará fundado, enfim, em seu conjunto, pois nenhum fenômeno observável poderia evidentemente deixar de entrar numa das cinco grandes categorias, desde já estabelecidas: fenômenos astronômicos, físicos, químicos, fisiológicos e sociais. Homogeneizando-se todas as nossas concepções fundamentais, a filosofia constituir-se-á definitivamente no estado positivo. Sem nunca mais poder mudar de caráter, só lhe resta desenvolver-se indefinidamente graças a aquisições sempre crescentes, resultantes inevitáveis de novas observações ou de meditações mais profundas. Tendo adquirido com isso o caráter de universalidade que lhe falta ainda, a filosofia positiva se tornará capaz de substituir inteiramente, com toda a superioridade natural, a filosofia teológica e a filosofia metafísica, as únicas a possuir realmente hoje essa universalidade. Estas, privadas do motivo de sua preferência, não terão para os nossos sucessores além de uma existência histórica."

COMTE, Auguste. *Curso de Filosofia Positiva*. São Paulo, Abril Cultural, 1973, p. 13-14. Col. "Os Pensadores". (Trad. José A. Giannotti.)

Capítulo 9

A filosofia dialética: retomada, negação e superação da metafísica e da ciência

Como vimos no final do capítulo 4, a filosofia atual no Ocidente vem se traduzindo num esforço de superar tanto a visão essencialista quanto a visão naturalista da realidade. A filosofia contemporânea não quer mais construir uma imagem metafísica nem uma imagem exclusivamente científica do mundo nos moldes positivistas. Ela desenvolve então um esforço para instaurar um novo modo de pensar de maneira a constituir uma imagem que integre os aspectos válidos dessas imagens anteriores, mas numa síntese que avance, enriquecendo ainda mais a compreensão da realidade.

Esse terceiro momento dessa grande aventura do espírito humano na história de sua cultura pode ser designado como aquele marcado pelo *modo dialético* de pensar. Ele vem instaurando, desde este último século, uma nova tradição filosófica. O elemento fundamental dessa tradição dialética, como veremos neste capítulo, está no princípio básico de compreensão do real e do conhecimento que dele temos, que é a sua condição de radical historicidade. Isso quer dizer que a realidade não é mais vista nem como um conjunto de entidades metafísicas, eternamente determinadas, nem como um conjunto de entidades naturais, determinadas pelas leis mecânicas da natureza física. Em verdade, ela é tudo isso, mas é ainda muito mais: ela vai se constituindo num processo histórico resultante, a cada momento, de múltiplas determinações e esse movimento de constituição decorre de forças contraditórias que atuam no interior dessa própria realidade.

É no pensamento de Hegel que se encontra a primeira sistematização da perspectiva dialética

As expressões culturais da filosofia que estão nas raízes da tradição dialética são basicamente o hegelianismo e o marxismo, duas tendências que se aproximam metodologicamente. Mas a perspectiva de dialeticidade na abordagem do real não é exclusiva dessas escolas filosóficas particulares, ela vai se fazendo presente na maioria das tendências vivas da filosofia contemporânea, ainda quando herdeiras de outras tradições.

A tradição dialética se consolidou no século XIX graças sobretudo ao trabalho filosófico de Hegel, de Marx e de Engels. Mas ela tem origens muito antigas. Com efeito, quando falamos da filosofia grega pré-socrática, referimo-nos rapidamente a *Heráclito,* para quem o elemento primordial da constituição do mundo era o *fogo*; o fogo era a *arqué*. Mas por que o fogo? Heráclito, nos poucos fragmentos que restaram de sua obra, expressa a opinião de que tudo está em contínua transformação, num total processo de mudança incessante. Usa a imagem do rio para mostrar essa idéia: nunca podemos nos banhar duas vezes no mesmo rio, pois, quando mergulhamos na segunda vez, já não é mais o mesmo rio! Para ele, o verdadeiro princípio da realidade é o movimento.

Ora, já vimos que, para os gregos, o movimento, a mudança, a história, o tempo eram situações que eles não apreciavam! Por isso mesmo, as intuições de Heráclito não tiveram repercussão na época e prevaleceram aquelas de *Parmênides* que, ao contrário de Heráclito, achava que a mudança não passava de ilusão. E Heráclito foi marginalizado na filosofia ocidental por cerca de dois mil anos! É exatamente *Hegel* quem vai resgatá-lo nos começos do século XIX.

De fato, toda a filosofia ocidental, de Sócrates até o século XIX, foi dominada pela concepção de Parmênides, ou seja, que o uno, o imutável, o idêntico é superior ao que é múltiplo e mutável. Bem de acordo com a idéia grega do *logos!* Por isso, no plano da lógica do pensamento, a filosofia ocidental se apóia numa espécie de lei fundamental do pensamento que é o *princípio da identidade*: ele se expressa sob a forma $A = A$, isto é, todo ente é igual a si mesmo, ou dito negativamente, um objeto não pode ser, ao mesmo tempo e sob o mesmo aspecto, igual e diferente em relação a si mesmo.

Ora, é exatamente esse princípio da identidade que vai ser questionado pela lógica dialética que admite a possibilidade de um objeto ser, ao mesmo tempo e sob o mesmo aspecto, igual e diferente de si mesmo. Surge então um novo princípio lógico: o *princípio da contradição.*

Foi pensando nessa possibilidade que Hegel concebeu sua filosofia que valoriza a história, a evolução, a transformação! Para ele, o real no seu conjunto e todas as coisas em particular só existem num processo contínuo de mudança e, o que é mais importante, trata-se de uma evolução por contradição: esse é o *processo dialético!* As coisas vão evoluindo, vão mudando porque no seu próprio interior elas contêm sua própria negação, cada coisa sendo, portanto, ao mesmo tempo, igual a si mesma e ao seu contrário! Por isso, todas elas são atravessadas por um *conflito interno,* a *luta dos contrários*, que as obriga a mudar passando sempre por um momento de afirmação, por um momento de negação e por um momento de superação, cada um deles se posicionando em relação ao seu anterior. É a famosa concepção da tríade dialética: a *tese,* a *antítese* e a *síntese.*

Para Hegel, a contradição é o próprio motor do processo de evolução do real: toda afirmação aparece como momento provisório que deve ser necessariamente negado para ser ultrapassado. Cada estágio fenomenal, cada estado individual ou coletivo, cada figura do real não vai permanecer idêntico a si mesmo o tempo todo: necessariamente, pela força do conflito interno, é impelido para se transformar no seu contrário. Mas também não fica aí muito tempo, pois é de novo lançado rumo a sua própria negação que envolve a recuperação dos aspectos positivos do primeiro momento e a criação de uma nova configuração.

Podemos tomar como exemplo, a título de uma ilustração bem simplificada, o caso da formação do ser humano individual. Essa formação começa no estágio da infância: é o momento da vida infantil. A criança é um organismo vivo que mal se desprega do mundo natural, como que prolongando sua vida uterina, confundindo-se com o mundo que o envolve, não se distinguindo dos objetos. Faz corpo com seu ambiente, não tem consciência da própria autonomia. É o seu momento de tese.

Mas, na vida do ser humano, esse estágio é logo negado pelo estágio da adolescência. É o estágio em que o indivíduo se nega como criança, recusa a condição infantil e se representa como absolutamente autônomo, quer viver como se não dependesse de mais ninguém. Daí os famosos conflitos. Nega tudo que representa questionamento dessa sua autonomia, rebela-se contra toda autoridade. Nega para se afirmar num outro patamar. Momento de antítese.

Mas eis que chega a idade adulta: o que é de fato amadurecer, ser adulto? É dar-se conta de que não se é mais nem tão dependente do outro (como vivenciava a criança) nem tão independente em relação ao outro (como extrapolava o adolescente): o adulto é um ser autônomo dentro de limites objetivos que condicionam todo indivíduo humano. Momento de síntese.

Este movimento de evolução e transformação por contradição é o *processo dialético* que permite assim vencer as próprias contradições. E para Hegel este era um movimento presente tanto no real como no pensamento. É que, como filósofo e metafísico idealista, Hegel fundia ser e pensar numa unidade. Com efeito, entendia que a substância da realidade era o próprio espírito, a Razão, a Idéia. Tudo o que existe é uma manifestação da Idéia que está evoluindo rumo ao Espírito. Por isso, a natureza física assim como a sociedade humana são apenas *figuras* do Espírito. É que a totalidade do real, num primeiro momento, é a *Idéia* (tese); num segundo momento, é a *Natureza* (antítese), negação da Idéia; num terceiro momento, é o *Espírito* (síntese), negação/retomada/superação da Idéia e da Natureza.

Portanto, Hegel *inverte* as posições: é o ideal que explica o real e não o contrário. Para ele, não há mais distinção entre o real e o racional, entre ser e pensamento, entre sujeito e objeto. Hegel pratica, quanto ao conteúdo de seu pensamento, uma metafísica idealista absoluta.

Marx contesta o idealismo de Hegel mas mantém seu método dialético...

Com efeito, Marx não podia concordar com essa metafísica idealista de Hegel. Mas, embora discordando dessa posição metafísica, vai aproveitar a sua lógica dialética. Só que vai aplicá-la tão-somente ao mundo da realidade histórica concreta, ou seja, à natureza e sobretudo à sociedade.

Para Marx, a realidade natural e social de fato evolui por contradição, ou seja, são os conflitos internos dos objetos e das situações que provocam as mudanças que ocorrem então dialeticamente. Mas isso não significa que a história vai acontecendo independentemente da interferência dos homens. Ao contrário, a intervenção dos homens, através de sua prática, é indispensável e fundamental.

É por isso que a filosofia de Marx se propõe como uma *filosofia da práxis*, isto é, a atividade reflexiva, o conhecimento, o trabalho teórico dos homens não têm por finalidade apenas especular sobre o sentido das coisas, mas justamente fundamentar sua ação concreta com vistas a organizar a vida social. Segundo Marx, os filósofos não devem apenas interpretar o mundo, porque o que realmente importa é transformá-lo.

A crítica de Marx é dirigida imediatamente à filosofia alemã da época, muito influenciada pelo hegelianismo. Mas, de fato, ela se refere a toda a filosofia idealista, à metafísica, a toda forma puramente especulativa de pensamento. O que Marx está criticando é o pensamento desvinculado da prática social real dos homens, porque a atividade consciente, na sua visão, só se justifica se ela for realmente crítica, ou seja, capaz de apreender a realidade sem cair na *alienação* e sem ser envolvida pela *ideologia*.

A alienação, de modo geral, é o estado do indivíduo que não mais se pertence, que não detém o controle de si mesmo, que está privado dos seus direitos fundamentais, passando a ser como uma coisa. Está alienado, portanto, quem está fora de si, quem perdeu sua própria identidade, tornando-se um outro de si mesmo. Assim, a alienação, para Marx, é o processo de despossessão, vivido pelo sujeito humano que perde sua própria essência, que é projetada em outro sujeito. No seu entendimento, a alienação fundamental é aquela que ocorre na prática do trabalho, no sistema capitalista, onde o proletário é separado dos meios e dos produtos de sua atividade produtiva, sua obra sendo apropriada pelo outro, o capitalista.

Mas ela pode ocorrer também na atividade subjetiva quando o homem deixa de pensar por si mesmo e passa a pensar por outro: é o que ocorre na ideologia. Trata-se da situação em que o indivíduo assume, como representante de sua classe social, idéias de outra classe social geralmente dominante. Toma-se como universal o pensamento de um grupo social particular! Ocorre assim uma alienação da consciência e uma dominação ideológica por parte daquela consciência que impôs, por convencimento, a sua própria idéia.

Vamos voltar ainda a essa questão da ideologia, a fim de abordá-la mais a fundo. Por enquanto basta dizer que ela é um conjunto de representações ideais (conceitos e valores) elaborado e difundido por grupos particulares dominantes no todo da sociedade, como se essas idéias expressassem a verdade da situação de todos os indivíduos. No entanto, elas representam unicamente o ponto de vista e o interesse do grupo social dominante, mascarando e ocultando a verdadeira realidade social, impedindo assim que os dominados se desalienem e reivindiquem seus próprios direitos.

Por que a perspectiva dialética é a síntese superadora da metafísica e da ciência? Porque se trata de uma concepção do real e do pensamento que avança em relação a elas não só por negação mas também por recuperação de seus aspectos criativos e por superação dos seus aspectos regressivos! Ao dar-se conta do caráter contraditório do pensamento e do real, a filosofia dialética superou os impasses e as parcialidades dos pensamentos metafísico e científico. Tornou possíveis a evolução, a criação do novo, a historicidade, a prática subjetivizada dos homens.

Assim, por exemplo, a oposição sujeito/objeto no conhecimento era um problema insuperável nas perspectivas metafísica e científica. Ou o objeto ou o sujeito se impunham. Para a perspectiva dialética, nenhum deles se impõe isoladamente, uma vez que ambos são constituídos, assim como sua relação recíproca, pelo processo histórico-social. Um depende do outro e ambos dependem da realidade histórica. Assim, o sujeito (o homem como ser subjetivo, consciente, capaz de reflexão) dá-se conta de que, embora condicione a posição do objeto (parte de verdade das filosofias subjetivistas), não o constitui integralmente (parte de verdade das filosofias positivista e realista); o objetivo, por sua vez, por mais autônomo que seja, não mais se impõe dogmaticamente ao sujeito como pura positividade empírica ou como entidade metafísica (erro das filosofias positivista e realista). O sujeito se reconhece no fluxo da contingência do existir natural e social, reino do objeto (verdade do naturalismo e do positivismo) que, de seu lado, só tem sentido para um sujeito (verdade da filosofia subjetivista) que é, na realidade, um sujeito coletivo.

Por outro lado, o real se constitui da totalidade do universo, totalidade esta que vai se realizando num processo histórico, do qual cada momento é resultante de múltiplas determinações (naturais, sociais, culturais). O processo histórico de constituição do real segue "leis" que não se situam nem no plano da determinação metafísica nem no plano da necessidade científica e nem se formaliza mais na linearidade da lógica formal regida pelo princípio da identidade.

Do mesmo modo, o homem também é uma entidade natural histórica, determinado pelas condições objetivas de sua existência, mas, ao mesmo tempo, cria a sua história ao atuar sobre as condições objetivas, transformando-as por meio de sua práxis.

Igualmente, dada essa sua condição, o seu agir não pode mais guiar-se apenas por valores essencialistas puramente metafísicos nem por valores puramente técnico-funcionais. O fundamento ético de sua prática é necessariamente político, uma vez que toda ação humana está envolvida com as relações de poder que atravessam o contexto social da existência humana.

Esclarecendo alguns conceitos

Contradição: oposição entre dois pólos incompatíveis, um afirmando, outro negando, ao mesmo tempo, algo de uma mesma coisa. Conflito real e histórico, luta de forças que se contrapõem no interior do real e do pensamento, toda situação/afirmação aparecendo apenas como um momento provisório que deve ser necessariamente negado para ser superado.

Dialética: processo de superação da contradição: movimento do real, por cuja dinâmica interna um dado elemento é negado pelo seu contrário que, por sua vez, é também negado e superado por um novo elemento, numa seqüência permanente de afirmação, negação e superação; método de pensamento adequado para o entendimento desse processo.

Alienação: estado do indivíduo que não mais se pertence, que não mais detém o controle de si mesmo ou que se vê privado dos seus direitos fundamentais, passando a ser considerado uma coisa; processo pelo qual um ser se torna outro, distinto de si mesmo, ficando estranho a si mesmo, perdendo-se ao projetar sua identidade em outro, fora de si; processo ou estado de despossessão de si, vivida pelo sujeito humano, perda de sua própria essência que é projetada em outro sujeito.

Questões para pesquisa e discussão

• Retome, em textos de história da filosofia, e as compare entre si, as posições de Parmênides e Heráclito com relação ao processo de mudança das coisas.

• Contraponha, explicitando-os, os princípios de identidade e de contradição.

• Procure explicitar os pontos de concordância e de discordância entre as posições filosóficas de Marx e de Hegel.

Leitura complementar

Os trechos que são transcritos aqui foram selecionados e traduzidos por Corbisier e são retirados sobretudo da Ciência da Lógica. Referem-se particularmente à natureza do processo dialético e da contradição. Trata-se de discurso de difícil apreensão, dado o próprio caráter do pensamento desse autor. Por essa razão sua leitura precisa ser subsidiada por exposições do professor.

Georg Wilhelm Friedrich Hegel, um dos mais significativos nomes da filosofia ocidental, nasceu em Stuttgart, Alemanha, em 1770. Estudou filosofia em Tubingen, tendo sido preceptor particular, diretor de ginásio e professor nas Universidades de Iena, Heidelberg e de Berlim, da qual chegou a ser reitor. Hegel elaborou um sistema filosófico extremamente complexo, no âmbito do idealismo alemão. Influenciado pelo kantismo, pelo romantismo, pelo misticismo religioso, criou um sistema que pode ser designado como um *monismo panteísta*, ou seja, a totalidade do real forma uma unidade, nela incluindo-se o próprio Deus. Só que essa totalidade/unidade é trabalhada internamente por uma força imanente que a obriga a se transformar permanentemente, num processo evolutivo incessante. Esse processo de desenvolvimento e formação do real se dá, pois, em decorrência de uma *luta*

"Esse pensamento, que a contradição é essencialmente e necessariamente posta na razão pela determinação do entendimento, assinala o progresso mais importante e mais profundo da filosofia moderna."

"Os Eleatas, e mais particularmente Parmênides, viam no simples pensamento do *ser puro* o Absoluto e a única verdade: e, nos fragmentos que chegaram até nós, acha-se formulada pela primeira vez, em sua abstração absoluta e com o ardor de um puro entusiasmo intelectual, este pensamento: *somente o ser é, o nada não existe*. O Nada, o vazio, constitui, como é sabido, o princípio absoluto dos sistemas orientais, principalmente do budismo. O profundo Heráclito opôs, a essa abstração simples e unilateral, o conceito total e superior do vir-a-ser, dizendo: *o ser não é mais do que o nada*, ou ainda, *tudo corre*, o que equivale a dizer que *tudo é vir-a-ser, devenir*."

"... nada há no céu e na terra que não contenha, ao mesmo tempo, o ser e o nada."

"A unidade do ser e do nada tendo sido adotada, de uma vez por todas, como sendo a primeira verdade, a verdade que está na base de tudo aquilo que se segue..."

dos contrários. Obedece assim à *lei dialética,* em função da qual cada ser só se constitui num tríplice movimento de afirmação, negação e superação (tese, antítese, síntese). Toda mudança se dá, pois, dialeticamente, movida pela força da contradição.

A dialética se aplica também ao pensamento cuja lógica segue as mesmas leis de evolução por contradição. Assim, Hegel é o sistematizador do método dialético de pensamento: não mais fundado no princípio de identidade mas no princípio de contradição.

Hegel se impressionou também com a Revolução Francesa e com Napoleão. Acabou se transformando num defensor do estado autoritário prussiano, no qual via afinidade com o seu modelo filosófico de estado.

Hegel tem uma extensa e complexa bibliografia, abordando temas político-religiosos e sobretudo filosóficos. Dentre seus escritos, se destacam: *A fenomenologia do espírito* (1807); *Introdução à História da Filosofia* (1816); *A ciência da Lógica* (1817); *Enciclopédia das ciências filosóficas* (1817).

Hegel exerceu grande influência sobre a filosofia ocidental posterior, sobretudo no que concerne à visão dialética da realidade. É assim que Marx, mesmo rejeitando todo o conteúdo metafísico de seu pensamento, apropriar-se-á de seu método dialético na concepção do saber e da realidade.

"Um ser definido, um ser finito é um ser que se refere a outra coisa; é um conteúdo que se acha em relações necessárias com outros conteúdos, com o mundo inteiro."

"É no vir-a-ser que existe a distinção entre o ser e o nada, e o vir-a-ser só é possível em virtude dessa distinção. Mas o vir-a-ser, por sua vez, não se confunde nem com o ser nem com o nada; ambos existem nele, o que equivale a dizer que não existem para si mesmos. O vir-a-ser compreende tanto o ser quanto o não ser: só existem enquanto estão no *Uno* e é isso que apaga sua diferença."

"A síntese contém e salienta a não verdade dessas abstrações, em si mesmas, essas abstrações formam uma unidade com outra coisa, quer dizer, não existem por si mesmas, enquanto absolutas, mas apenas e unicamente enquanto relativas."

"... a despeito de sua simplicidade, talvez mesmo por causa dela, a proporção de acordo com a qual a negação da negação corresponderia a algo de positivo, parece uma banalidade, indigna da atenção do orgulhoso entendimento. E no entanto, não exprime apenas uma coisa justa, mas, em virtude da generalidade das determinações desse gênero, essa proposição é susceptível de uma extensão infinita e de uma aplicação universal..."

"O raciocínio que acabamos de citar, e que repousa na hipótese da separação absoluta entre o ser e o nada, sem ir além, não é *dialético* mas *sofístico*. Pois a sofística é um raciocínio que parte de uma hipótese infundada, aceita sem crítica nem reflexão, ao passo que chamamos de *dialética* o movimento racional superior, graças ao qual esses termos, aparentemente separados, passam uns nos outros espontaneamente, em virtude mesmo do que são, a hipótese de sua separação achando-se, assim, eliminada. É em virtude da natureza dialética que lhes é imanente, que o ser e o nada manifestam sua unidade e sua verdade no vir-a-ser."

"O vir-a-ser é, assim, duplamente determinado: uma dessas determinações é constituída diretamente pelo nada, quer dizer, o vir-a-ser começa pelo nada que se refere ao ser ou, mais exatamente, que passa ao ser; a outra é constituída pelo ser, o vir-a-ser começando pelo ser que se refere ao nada, ou, mais exatamente, que passa ao nada: *aparecimento* e *desaparecimento*."

"... o que é suprimido é, ao mesmo tempo, o que é conservado, tendo perdido somente sua imediatidade, sem ser por isso destruído"... "Só se suprime uma coisa fazendo que essa coisa forme uma unidade com seu contrário..."

"A determinação é a negação, considerada do pondo de vista afirmativo. É a proposição de Spinoza: *omnis determinatio est negatio*, de importância infinita..."

"... *a negação em geral* deve distinguir-se da segunda negação, que é a *negação da negação,* negatividade concreta absoluta, assim como a primeira é a negatividade abstrata."

"Todavia, um exame mais profundo da natureza antinômica, ou, mais exatamente, dialética, da razão mostra que *cada* conceito constitui uma unidade de momentos opostos aos quais se poderia, conseqüentemente, dar também a forma de afirmações antinômicas."

"... queremos falar da contradição, cujo princípio deve ser assim enunciado: *todas as coisas são contraditórias em si mesmas,* dando a essa proposição um sentido tal que seja considerada como expressão, ao contrário das outras, da essência e da verdade das coisas. A contradição que se afirma na oposição não passa do *nada* desenvolvido, implícito na identidade e expresso na proporção segundo a qual o princípio de identidade *nada* nos ensina. Essa negação, continuando a determinar-se, tornar-se diversidade e oposição, quer dizer, contradição."

"Mas um dos principais preconceitos da Lógica, tal como foi compreendida até hoje, e da representação, consiste em ver na contradição uma determinação menos essencial e imanente do que a identidade; ora, se fosse o caso de hierarquia e se fosse preciso persistir em manter essas duas determinações isoladas uma da outra, é a contradição que seria a determinação mais profunda e essencial. Porque a identidade, comparada com ela, é a determinação do simples imediato, do ser morto: mas a contradição é a raiz de todo movimento e de toda manifestação visual; somente na medida em que encerra uma contradição, uma coisa é capaz de movimento, de atividade, de manifestar tendências ou impulsos."

"A contradição é, geralmente, o que se afasta em primeiro lugar das coisas, do ser e do verdadeiro em geral: diz-se, notadamente, que nada é contraditório. Em segundo lugar, ao inverso, fazem-na refluir para a reflexão subjetiva, dizendo que é essa reflexão que põe a contradição, à força de relacionamentos e de comparações. Mas não se poderia dizer que existe nem mesmo nessa reflexão, pois o contraditório não poderia ser nem representado nem pensado. Quer se trate da realidade ou da reflexão pensante, a contradição é considerada simples acidente, para não dizer anomalia ou paroxismo mórbido passageiro."

"Quanto à afirmação de que não haveria contradição, que a contradição não seria uma coisa existente, não nos deve preocupar. Uma determinação absoluta da essência deve encontrar-se em toda experiência, em que tudo o que é real, em todo conceito"... "Mas é um fato de experiência quotidiana que há uma multidão de coisas contraditórias, de instituições contraditórias, etc., cuja contradição não tem origem apenas na reflexão exterior, mas reside nas coisas e nas instituições elas mesmas. A contradição não deve, tampouco, ser considerada simples anomalia, que se observaria aqui e acolá, porque é o negativo, segundo sua determinação essencial, é o princípio de todo movimento espontâneo, que não passa da manifestação da contradição. O movimento exterior sensível é o seu ser-aí imediato. Esse movimento não deve ser compreendido como se a coisa se encontrasse, em dado momento, aqui, e, no momento seguinte, alhures, mas *aqui* e *não-aqui* no mesmo momento, e a coisa como sendo e não sendo, ao mesmo tempo, no mesmo *agora*. Pode-se compreender que os antigos dialetas tivessem razão, quando denunciavam as contradições que o movimento comporta; disso, porém, não se segue que o movimento não existe, mas que o movimento é a própria contradição, pelo simples fato de estar-aí."

"Assim também, o movimento espontâneo interno, propriamente dito, tendência ou impulso em geral (apetição ou *nisus* da mônada, *entelechia* do ser absolutamente simples), significa, apenas, que em uma única e mesma relação uma coisa existe em si e é, ao mesmo tempo, sua própria falta (carência) ou seu próprio negativo. A abstrata identidade consigo mesmo não corresponde ainda a nada de vivo, mas, pelo fato do positivo ser por si mesmo negatividade, sai de si mesmo e entra na mudança. Uma coisa só é viva na medida em que encerra uma contradição e tem a força de assumi-la e sustentá-la. Mas, quando uma existência é incapaz, em sua determinação positiva, de passar à determinação negativa e de conservá-las uma na outra, ou, com outras palavras, quando é incapaz de suportar sua contradição interna, não é uma unidade viva, e sucumbe à sua contradição. O pensamento especulativo consiste apenas em mostrar-se capaz de conter em si a contradição e não, como se supõe geralmente, de deixar-se dominar por ela, permitindo somente que suas determinações se transformem em outras ou se aniquilem."

"Se, no movimento, na tendência etc., a contradição está mascarada, para a representação, pela própria *simplicidade* dessas determinações apresenta-se, nas *determinações relacionais*, com toda a clareza desejável. Os exemplos mais banais, alto e baixo, esquerda e direita, pai e filho, e assim por diante, ao infinito, contêm os dois opostos em um só termo. É alto o que não é baixo; ser alto significa, apenas, não ser baixo, e o alto só existe enquanto há um baixo, e inversamente; o pai é o outro do filho, e o filho o outro do pai, e o pai e o filho só existem como o outro do outro; e, ao mesmo tempo, cada uma dessas determinações só existe em relação à outra. Sem dúvida, o pai é também alguma coisa para-si, fora da relação com o filho; mas, então, não é mais o pai, porém, homem em geral; assim também, o alto e o baixo são alguma coisa em-si, coisas refletidas em-si, fora de qualquer relação, mas então são apenas lugares em geral. Os contrários, ou opostos, contêm a contradição, na medida em que se referem negativamente um ao outro, em um ponto dado, ou na medida em que se neutralizam reciprocamente ou são indiferentes um ao outro. A representação, quando leva em conta a indiferença das determinações, esquece sua unidade negativa e as considera simplesmente como diferenças em geral; adota, conseqüentemente, uma determinação segundo a qual o alto não é mais o alto, nem o baixo, o baixo etc. Mas, quando volta sua atenção para o alto real e para o baixo real, encontra-se na presença de determinações que se negam, determinações incluídas uma na outra, e que, nessa unidade ao mesmo tempo não se negam, sendo cada uma independente para-si."

"A representação tem sempre por conteúdo a contradição, sem disso ter consciência; permanece no estado de reflexão exterior, que passa da igualdade à desigualdade, ou da relação negativa à reflexão-sobre-si das diferenças. Opõe, exteriormente, uma à outra, essas duas determinações, vendo-as apenas e não sua transformação, que constitui o essencial e contém a contradição. A reflexão inteligente, ao contrário, é justamente a que apreende e exprime a contradição. Embora não exprima o conceito das coisas e suas condições e não tenha por matéria e conteúdo senão determinações cuja fonte é a representação, estabelece entre essas determinações uma relação que contém sua contradição, e deixa transparecer, através da contradição, seu conceito. Mas a razão pensante aguça, por assim dizer, a diferença esbatida do diverso, a simples variedade tal como é concebida pela representação, dela fazendo uma diferença essencial, uma oposição. Somente quando é levado ao extremo da contradição é que o vário e multiforme desperta e se anima, e as coisas fazendo parte dessa variedade recebem a negatividade que é a pulsação imanente do movimento autônomo, espontâneo e vivo."

"A negatividade... é a fonte interna de toda atividade, de todo movimento espontâneo, vivo e espiritual, a alma dialética que extrai toda sua verdade desse ponto, graças ao qual é a única verdade... O *segundo* negativo, o negativo do negativo, consiste na supressão da contradição, mas, assim como a própria contradição, *não é obra de uma reflexão exterior*, porém constitui *o momento mais profundo, mais íntimo e mais objetivo da vida e do espírito...*"

HEGEL, G. W. F. Ciência da Lógica — Excertos. In: CORBISIER, R. *Hegel: textos escolhidos.* Rio de Janeiro, Civilização Brasileira, 1981, p. 56-61.

***

Ao finalizar esta primeira parte do livro, impõe-se fazer algumas considerações necessárias ao entendimento dessa longa aventura do espírito humano e do texto através do qual procuramos acompanhá-la.

1. Quando falo dessas três grandes perspectivas do pensamento humano que estão na base das várias tradições filosóficas, não as estou colocando numa seqüência simplesmente cronológica. Esses três modos de pensar, de um ponto de vista lógico e real, simultâneos, eles coexistem e convivem num mesmo período histórico e cultural. Apenas cada um deles predomina num período. Curiosamente, podemos constatar, com relação à história da cultura ocidental, que a perspectiva metafísica predominou no primeiro milênio, a perspectiva científica, no segundo milênio, tudo levando a crer que a perspectiva dialética predominará no terceiro milênio! Mas é importante observar que, assim como na Antiguidade já houve ensaios de pensamento dialético, também hoje ainda há expressões de pensamento metafísico.

2. Por outro lado, é nosso ponto de vista que o modo dialético de pensar se faz presente na totalidade das formas atuantes da filosofia contemporânea, por mais diferentes que sejam suas origens e inspirações formais. Assim, a problemática de nossa época é abordada por um variado leque de tendências filosóficas, todas elas assumindo uma perspectiva de abordagem que leva em conta as contribuições mais críticas e mais ricas desse modo dialético de pensar. Na parte seguinte deste texto, ao levantar a problemática da sociedade e da cultura de nossa atualidade histórica, estaremos nos referindo assim às contribuições que essas tendências estão dando ao debate filosófico sobre essa problemática.

Parte II

As Formas de Expressão da Cultura Contemporânea enquanto Mediações Objetivas da Existência Humana

Nesta segunda parte do texto, buscar-se-á acompanhar os esforços da reflexão filosófica atual no sentido de compreender mais ampla e aprofundadamente a cultura contemporânea, refletindo-se sobre as condições de sua manifestação e explicitando os temas mais relevantes para o seu entendimento. Visa-se assim fornecer subsídios para que os jovens possam compreender melhor o sentido da própria existência pessoal nesse contexto cultural da atualidade.

Capítulo 10

O homem, a natureza e o trabalho: a ordem econômica da sociedade

Até este momento, procurei retomar e acompanhar o fluxo do pensamento filosófico tal qual ele se desenvolveu na história cultural do Ocidente. Com acertos ou desacertos, o esforço filosófico de nossa cultura seguiu cada etapa de sua formação histórica buscando interpretá-la, dar-lhe um sentido. É chegado agora o momento de verificar como esse esforço de indagação, de interrogação, de discussão e de reflexão se faz presente na nossa atualidade. Trata-se de ver como se dá o investimento filosófico nos dias de hoje.

A filosofia contemporânea buscando um novo sentido para a existência humana

Com efeito, a filosofia continua presente na cultura atual, com plena vitalidade! E sempre representando aquele esforço que os homens realizam, usando sua capacidade de conhecimento e de reflexão, para pensar e "compreender" o sentido de sua existência frente ao mundo natural, frente à vida social e frente a sua cultura, produto de sua própria atividade.

À luz das experiências que a história da cultura e da filosofia nos proporcionaram, procurei, nos capítulos a seguir, explicitar as principais esferas onde se desenvolvem essas reflexões bem como as temáticas que são priorizadas em cada uma delas. Quero assim nos inserir nessa grande preocupação, tipicamente humana, tentando nos compreendermos, compreendendo a nossa cultura nesse seu novo quadrante histórico.

Não há dúvida alguma de que a filosofia contemporânea continua abordando e aprofundando o grande problema que, afinal, sempre foi a questão básica de toda a filosofia ocidental nestes últimos três milênios: qual é o significado da existência humana. E não há dúvida também de que esse longo e lento amadurecimento da consciência filosófica possibilitou que ela chegasse hoje a uma concepção mais integrada dessa existência.

De fato, para a maioria das formas de expressão da filosofia contemporânea, a verdadeira "essência" do homem não se constitui mais sob a forma de uma entidade metafísica nem sob a forma de uma pura realidade físico-biológica. Como já vimos anteriormente, se é verdade que o homem conserva sempre uma identidade — o que lhe sugere a idéia de uma natureza permanente — e que integra plenamente a natureza física e biológica — o que faz dele um ser plenamente natural —, hoje podemos nos dar conta de um jeito especificamente humano de realizar essa condição de humanidade. O homem é, de fato, um ser em permanente construção, que vai se fazendo no tempo pela mediação de sua prática, de sua ação. Ele é, assim, um ser histórico, que vai se criando no espaço social e no tempo histórico. Portanto, o homem não é apenas uma realidade dada, pronta e acabada, mas fundamentalmente um sujeito que vai construindo aos poucos sua própria realidade. É por isso que se diz que o homem é também aquilo que ele se faz.

E essa construção histórica que o homem faz de si mesmo começa a partir de seu relacionamento imediato com a natureza. Como todos os demais seres vivos, os homens precisam da natureza para se construírem fisicamente, para sobreviverem e para se reproduzirem biologicamente. Enfim, são os elementos naturais que asseguram a existência material dos homens.

Mas, ao contrário dos demais seres vivos, esse intercâmbio homem/natureza não se dá de maneira puramente mecânica: os homens estabelecem com ela uma relação marcada pela intervenção de um elemento novo, a subjetividade, pela qual eles conseguem antever e projetar sua ação de intervenção sobre a natureza, e isso lhes garantindo a capacidade de produzir os meios de produção dos bens naturais que lhes são necessários. Essa nova forma de relação humana com a natureza acarreta transformações nesta, a ação produtiva do homem forçando a que ela se adapte para melhor atender às suas necessidades.

Essa ação humana sobre a natureza, capaz de transformá-la, viabilizada pela impregnação por parte de uma intenção subjetivada, é a base da *práxis* dos homens. É uma prática produtiva, o *trabalho*. É ela que garante aos homens o alimento e demais elementos de que eles precisam para manter sua existência material. Essa é a esfera da *vida econômica*, o âmbito da produção, efetivada pelos homens pela mediação do trabalho.

Mas ao produzir, transformando a natureza para assegurar sua própria sobrevivência, os homens não estabelecem apenas relações individuais com essa natureza. Ao lado dessas relações técnicas de produção, eles vão implementar relações interindividuais, relações de troca e de intercâmbio entre si. E formam assim a estrutura social, a *sociedade*, que não é apenas o somatório dos indivíduos, mas o seu agrupamento tecido por uma série de relações, dentre as quais se destacam as *relações de poder*.

Com efeito, para produzir os meios de produção e os seus bens de sobrevivência, os homens se dividem em várias especializações de trabalho. Opera-se uma *divisão técnica do trabalho*: uns vão plantar, outros vão caçar, outros guerrear, outros ainda comerciar etc. Mas esta divisão técnica acaba sendo sobreposta por uma outra forma de divisão entre os homens: a *divisão social do trabalho*. Como há formas diferenciadas de os grupos disporem dos meios de produção, uns vão se colocar como superiores aos outros. Assim os grupos se hierarquizam, uns em relação aos outros. Portanto, do âmbito de uma diferenciação *econômica* vai decorrer uma diferenciação *política*, entrando, pois, em cena uma outra dimensão da existência humana, que é a *dimensão política*, caracterizada pela intervenção das relações de poder. Tal situação instaura a desigualdade originária entre pessoas e grupos no interior da sociedade. Esta é, pois, a esfera das relações sociais, âmbito da vida propriamente social, da prática social, universo das relações políticas.

Mas o processo de formação da espécie humana não pára aí. É ativada simultaneamente uma terceira configuração. Ao mesmo tempo que os homens desenvolvem relações com a natureza por meio do trabalho, com os seus semelhantes por meio da prática social, eles desenvolvem ainda relações no âmbito de sua própria subjetividade por intermédio da *prática simbolizadora*, pela qual criam e lidam com signos. Eles passam a representar, no plano de sua subjetividade, mediante processos de simbolização, os diversos aspectos envolvidos em suas relações com a natureza e com a sociedade. A sua consciência subjetiva, além de servir de recurso diferenciado para otimizar sua intervenção sobre a natureza, respondendo às exigências imediatas da ação, passa a desenvolver um processo especificamente subjetivo que visa "explicar" a própria realidade de sua existência.

São estes os três planos integrados que constituem as efetivas mediações da existência humana! É por isso que se diz que o homem é um ser de relações! E ele vai se constituindo e conservando sua existência concreta na exata medida em que vai se relacionando com a natureza — pelo trabalho —, com a sociedade — pela prática social — e consigo mesmo — pelo cultivo de sua subjetividade.

Assim, o trabalho é o elemento fundamental para a configuração de sua existência; mas o trabalho só pode se dar no contexto de uma sociedade e impregnado por uma intenção subjetivada. Esses aspectos não são a essência humana: mas só por meio deles os homens podem ir constituindo sua essência no decurso de sua existência histórica.

Essas três dimensões se interligam, se complementam e atuam integradamente no processo real da vida das pessoas.

A prática produtiva sustenta a esfera do social e a esfera da cultura simbólica; a prática social pressupõe a esfera do econômico, do político e do simbólico, enquanto a prática simbólica pressupõe a esfera do econômico e do político. Cada um pressupõe os outros e interfere sobre eles.

Assim, quando trabalhamos, pressupomos um certo índice de atividade subjetiva de representação dos fins e dos processos do trabalho, bem como envolvemos toda uma circunstância social de intercâmbio para a produção, circulação e consumo dos bens dele resultantes; nossa vida em sociedade não seria possível sem a produção sistemática de bens materiais nem sem a comunicação no âmbito da cultura simbólica; esta, por sua vez, depende, para sua consolidação e desenvolvimento, da infra-estrutura econômica e da própria sociedade.

Neste e nos próximos capítulos, retomarei essas três dimensões da existência humana, procurando aprofundar o seu significado e explicitando mais o seu caráter de mediação do modo de ser do homem. Isso será feito em dois movimentos: de um lado, mostrar-se-á que a autêntica condição de existência humana só se dá se concretizada nessas mediações, que se tornam assim o único lugar possível da humanização do homem; mas, de outro lado, se demonstrará que essas mediações são também os lugares privilegiados de sua desumanização...

A condição de ambivalência do trabalho

Como vimos, é pelo *trabalho* que os homens garantem sua própria existência material, pois não poderiam sobreviver sem se apropriarem continuamente dos elementos naturais que constituem e mantêm vivo o seu organismo físico-biológico. Precisam, pois, retirá-los da natureza ambiente.

E eles os retiram mediante uma *prática produtiva*, ou seja, usando sua energia vital, sua força física, para produzir tanto esses bens naturais como os próprios meios de produção.

Como os homens foram dotados do equipamento da subjetividade, que lhes possibilita representar simbolicamente todos os elementos do universo de sua experiência, essa atividade produtiva se potencializa significativamente, já que, ao contrário dos demais seres vivos, para retirar da natureza os elementos de que necessitam, eles *criam meios e instrumentos* que *prolongam, agilizam e versatilizam* os seus órgãos de sentidos e os membros de seu corpo.

Essa é a origem da *técnica*, pela qual os homens criam ferramentas e instrumentos mediante os quais vão interferir na natureza para transformá-la em seu benefício. Ao atuarem assim sobre a natureza, os homens vão transformando-a, fazendo com que ela se adapte, até certo ponto, às suas necessidades. Enquanto os demais seres vivos se adaptam às condições oferecidas pela natureza, os homens, embora necessitem da mesma forma se adequar a ela, vão conseguindo que ela também se adapte a eles.

É por isso que a existência histórica dos homens, da sociedade humana, é também a história desse processo de relação dos homens com a natureza, a história da transformação que os homens vão operando no planeta mediante o uso contínuo da tecnologia.

Esse processo é tão fundamental que o *modo de produção* de cada época histórica acaba moldando a configuração de sua formação social e de sua cultura. Ter intuído e comprovado isso foi uma das mais importantes contribuições da filosofia marxista...

Assim, o modo de ser do homem, tal como ele é compreendido atualmente pela filosofia, não é decorrente de um desabrochar programado a partir de potencialidades contidas, seja numa essência eterna, seja num código genético. Ao contrário, esse modo de ser vai se constituindo no espaço natural e social, bem como no tempo histórico, num processo contínuo de interação do sujeito com a natureza física, com a sociedade e consigo mesmo, numa atividade prática atravessada por determinantes objetivos e por intencionalidades subjetivas.

Das três esferas de relações em que o homem se encontra situado, a relação mais fundamental é, sem dúvida, a que o liga à natureza física, pois nela está em jogo sua própria existência material. Com efeito, enquanto ser natural vivo, como qualquer outro ser vivo, o homem só sobrevive porque se mantém num constante processo de troca com a natureza. Já vimos que a diferença entre os homens e os demais seres vivos, com referência a essa relação, está em que os homens produzem os meios pelos quais se apropriam dos elementos da natureza, enquanto os animais e vegetais se apropriam deles diretamente, sem mediações, usando apenas seus próprios instintos e órgãos.

Mas ao atuar sobre a natureza objetiva, estabelecendo a forma básica de suas mediações existenciais, os homens não deixam de constituir, pelo trabalho, os elementos de outras formas de mediação de sua existência. Com efeito, nesse contínuo processo de produção que se dá via trabalho, os homens vão tecendo concretamente suas relações sociais, vão se organizando em sociedade, criando as instituições sociais. É a própria divisão técnica do trabalho que introduz a diferenciação dos grupos de produtores, gerando assim uma sociedade repleta de grupos hierarquizados. Além disso, a atividade de trabalho desenvolve e intensifica a atividade simbolizadora dos homens, faz com que a sua subjetividade funcione produzindo cada vez mais os elementos simbólicos, os bens culturais: as formas ideais da cultura, o saber comum, os mitos, as religiões, as artes, a ciência, a filosofia, os códigos, a moral, o direito etc. Enfim, todas as formas de expressão da consciência.

Por isso, podemos dizer que as atividades de trabalho participam ativamente do processo de constituição da *cultura humana* no sentido amplo, portanto, da própria humanidade. Ao irmos mais a fundo, podemos dizer ainda que as atividades de trabalho são as primeiras a constituírem a "essência humana": tanto no sentido coletivo, ou seja, na medida em que, pela criação da cultura, vão constituindo a humanidade, quanto no sentido pessoal, na medida em que, pelo trabalho, cada indivíduo vai também constituindo sua própria cultura, seu modo de ser propriamente humano.

É por isso que os filósofos afirmam que o "trabalho" é uma das categorias fundamentais para se entender o que é o homem. Sem ele, o homem não desencadearia o processo de sua auto-humanização.

E é nesse sentido que podemos dizer que o trabalho constitui uma mediação existencial básica da existência dos homens. Isso quer dizer que não podemos ser plenamente humanos se não pudermos igualmente trabalhar. Com efeito, como a sua existência material depende de modo radical da natureza, quando o indivíduo não usufrui dos elementos naturais que recompõem diuturnamente seu organismo biológico, ele não pode ser considerado um ser propriamente humano. Quando seu contexto histórico-social não lhe garante o poder de usufruir desses elementos, ele não estará usufruindo da condição de humanidade.

Isso significa ainda que esse processo de humanização não é automático. As condições do trabalho podem ocasionar o efeito contrário, ou seja, podem acarretar a desumanização do indivíduo. Diz-se então que o trabalho é *alienado*, se dá em situações alienantes. Como já vimos no capítulo 9, a alienação é a perda da própria identidade, é a perda da própria essência. Nessa situação, temos o indivíduo exercendo uma atividade puramente mecânica, como se fosse um animal ou uma máquina, num processo de autodegradação.

De modo geral, as causas da degradação do trabalho já são decorrentes da própria forma pela qual a sociedade está organizada no tempo histórico. Os grupos sociais hierarquizados, exercendo o poder uns sobre os outros, retiram de alguns grupos as condições para que desenvolvam um trabalho humanizador. A alienação no trabalho, com efeito, pode ocorrer quando o trabalhador não mais dispõe dos meios de produção, nem mais do retorno dos bens produzidos, e não mais participa do projeto do próprio produto. O trabalhador é reduzido então à condição de mero aplicador mecânico de sua energia física. Ao limite, tal situação o transforma em escravo. A compensação pelo seu trabalho se limita então à reposição da energia despendida, através da comida e dos demais elementos necessários para que se mantenha vivo: algum vestuário e habitação.

Mas não é só na escravidão que o trabalho aliena. A alienação pode ocorrer também no processo de trabalho assalariado, como acontece no modo de produção capitalista, onde o salário, o mais das vezes, mal consegue repor as energias gastas pelo indivíduo no exercício de sua atividade produtiva.

E é um *outro*, no caso do capitalismo, o dono do capital, que usufruirá do retorno do fruto do trabalho, apropriando-se inclusive da diferença entre o valor do bem produzido e o valor pago sob a forma de salário ao trabalhador, ou seja, a *mais-valia*.

Produção e trabalho na sociedade capitalista

Como é através de sua ação sobre a natureza que os homens garantem sua própria existência, torna-se então absolutamente necessária e universal a prática produtiva. Em todos os momentos e lugares de sua história, os grupos humanos tiveram que produzir os bens para sua sobrevivência material.

Por isso, o mesmo continua acontecendo com a sociedade contemporânea. Ela também desenvolve uma determinada organização dos processos de produção, à qual corresponderão também formas específicas de organização da sociedade e da cultura.

A sociedade ocidental, no decurso de sua história, organizou-se de diferentes maneiras, sobretudo em função dos diferentes estágios de desenvolvimento de suas forças produtivas. A sociedade humana passou por diferentes *modos de produção*. Na realidade, sua história se constituiu pela sucessão desses modos de produção e suas repercussões sociais e culturais.

O modo de produção é a forma que determinada sociedade assume no que concerne ao processo global da produção em decorrência da articulação de suas *forças produtivas* com as formas das *relações sociais de produção*. As forças produtivas abrangem os meios de produção (ferramentas, equipamentos, tecnologia, terra, matéria-prima, insumos etc.) e a força de trabalho (a energia físico-biológica que move a atividade dos homens). As relações de produção são constituídas pela propriedade econômica das forças produtivas, as formas de propriedade dos meios de produção e da força de trabalho.

Lidando com esses conceitos, os economistas, em especial aqueles que se inspiram na teoria econômica marxista, identificaram a presença, na história da sociedade ocidental, de vários modos de produção: o antigo, o asiático, o feudal e o capitalista.

O modo de produção capitalista é que domina na sociedade contemporânea, razão pela qual nos interessa particularmente, se quisermos compreendê-la mais a fundo. Esse modo de produção se caracteriza pelo fato de que os meios de produção se encontram nas mãos de indivíduos particulares, que são detentores do capital, formando assim uma classe específica no interior da sociedade. Possuindo assim os meios de produção, tornam-se igualmente proprietários dos bens que são produzidos. Como todos os demais indivíduos necessitam desses bens e não podem produzi-los diretamente, são obrigados a adquiri-los. E isso se faz mediante o processo de troca. Os bens produzidos são, enquanto objetos de troca, as *mercadorias*. Os detentores dos meios de produção são os *capitalistas*. A mercadoria tem assim o seu *valor de uso* (sua utilidade efetiva) e o seu *valor de troca* (valor que assume no mercado e que é determinado pela quantidade de trabalho necessária para sua produção). As trocas se fazem, dada a multiplicidade de bens a se trocarem, mediante uma mercadoria tomada como um equivalente universal, que é o *dinheiro*. Ocorre que muitos indivíduos não disporão de nenhum bem para trocar: dispõem apenas de sua força de trabalho — estes são os trabalhadores. E é esse seu único bem/mercadoria que são forçados a vender ao detentor dos meios de produção para obterem, via dinheiro/salário, as mercadorias de que necessitam para a manutenção da própria existência material.

Só que o seu salário equivalerá, de modo geral, apenas ao mínimo necessário para sua sobrevivência, repondo as energias gastas na produção. Por isso, a mercadoria, ao ser assim produzida, incorpora mais valor-trabalho, e o capitalista, ao colocá-la no mercado, pretende obter na sua venda um excedente de valor que é a *mais-valia*, exatamente a diferença da força de trabalho realmente investida na sua produção e aquela que é reposta ao trabalhador por meio do salário.

Por isso, o que cria um aumento real de valor na mercadoria é a força de trabalho. Não é a circulação das mercadorias que cria mais valor, é o trabalho, a única mercadoria dotada da propriedade singular de ser fonte de valor. Como o valor do trabalho incorporado na mercadoria se mede pelo tempo gasto na sua produção, e como o detentor dos meios de produção, ao comprar a força de trabalho do trabalhador, pagando apenas um equivalente às suas necessidades mínimas de sobrevivência e fazendo-o trabalhar mais tempo que isso, ele se apropria do valor/trabalho/tempo excedente, o que é a efetiva fonte do lucro. O trabalho é, então, a fonte de todo e qualquer crescimento de riqueza e, portanto, do lucro dos capitalistas.

Esse sistema de produção, próprio do capitalismo, gera então uma *profunda degradação do trabalho*. Embora o trabalho assalariado seja considerado um trabalho "livre", na realidade ele aliena o produtor direto, no caso o trabalhador, que fica separado tanto dos meios de produção como dos bens produzidos. Como seu único meio de produção, do qual tem ainda a propriedade, é sua força de trabalho — que é forçado a vender desvalorizada para sobreviver e que passará a integrar o conjunto dos demais meios de produção que pertencem a outro indivíduo —, o trabalhador vê comprometida a sua relação direta com a natureza e dificultada a sustentação de sua existência material.

Tal sistema de produção provoca então a formação de classes diferenciadas no interior da sociedade, com duas classes fundamentais: a *bur-*

guesia — detentora do capital, classe dominante — e o *proletariado* — classe dominada, grupo que só dispõe de sua força de trabalho para sobreviver. Nesse processo, o homem trabalhador vai perdendo sua especificidade humana, vai sendo reduzido à condição de força bruta, como se fosse um animal de carga ou uma simples máquina. Comprometida sua relação com a natureza, assim se torna também sua integração social e cultural. Como qualquer animal de carga ou máquina, o homem que trabalha nessas condições de simples instrumento vai se desgastando, se desumanizando, perdendo sua "essência" de homem, essência que é apropriada por um outro de si. Esta a alienação fundamental do homem, causada pelo trabalho. O homem, trabalhando nessas condições, não consegue retirar satisfatoriamente da natureza, em quantidade e em qualidade adequadas, todos os elementos de que necessita para manter sua existência material, sua vida e sua reprodução. Fica então comprometida a mediação fundamental de sua existência.

Assim, esse modo de produção capitalista que prevalece como forma de organização econômica da sociedade contemporânea pressupõe três condições: de um lado, a propriedade privada dos meios de produção; de outro, a divisão social do trabalho; e, enfim, o processo de troca generalizada, o sistema de mercado.

Questões para pesquisa e discussão

• O que vem a ser a alienação do trabalho?

• Como se caracterizam os principais modos de produção?

• Pesquise e apresente dados sobre as condições históricas atuais da realidade do trabalho no Brasil.

Leitura complementar

No texto que se segue, Paul Ricoeur reflete sobre as condições do trabalho na sociedade contemporânea, frente a uma possível civilização da palavra, que privilegia o pensamento e a cultura do espírito. Mostra a força de alienação do trabalho e seu envolvimento com a tecnologia moderna.

Paul Ricoeur, pensador francês, nascido em 1913, em Valence, é professor da Universidade de Paris X, presidente do Instituto Internacional de Filosofia. Vinculando-se à tradição fenomenológica, vem desenvolvendo uma metodologia de reflexão que designa como hermenêutica, ou seja, trabalho de interpretação da realidade, busca de seu sentido, mediante a decifração de suas expressões simbólicas. Para Ricoeur, todo o pensamento moderno é esse esforço de interpretação, a partir de símbolos, meios de expressão da experiência fundamental da existência humana. Assim, toda a cultura da humanidade se expressa simbolicamente e todo conhecimento é decifração dessa grande simbólica. Daí a grande importância da linguagem enquanto sistema privilegiado de símbolos para a comunicação dos homens. Ricoeur consegue então aproveitar subsídios da tradição filosófica da modernidade, em especial da psicanálise, da fenomenologia, do marxismo e do estruturalismo.

Dentre suas obras se destacam: *Voluntário e involuntário* (1950); *História e verdade* (1955); *Finitude e culpabilidade* (1960); *A simbólica do mal* (1960); *A interpretação* (1965); *Teoria da interpretação* (1965); *O conflito das interpretações* (1969); *A metáfora viva* (1975); *Tempo e narrativa* (1983); *Ideologia e utopia* (1985).

"Alienação" e "objetivação" no trabalho

"A forma histórica presente da dialética do trabalho e da palavra é dominada por dois fatôres que não se deixam de modo algum reduzir um ao outro:

1º. O trabalho humano *aliena-se pelo salariado*, é negociado como uma fôrça de trabalho desvinculada da pessoa; é tratado como coisa submetida às leis do mercado. Essa degradação *econômico-social* do trabalho é função do regime econômico-social do capitalismo; pode-se esperar e deve-se desejar que ela desapareça com as condições do salariado. A essa degradação econômico-social do trabalho corresponde uma dignidade usurpada da palavra, tanto mais arrogante quanto não lhe é dado saber que também ela é negociada em um mercado de serviços: existe um orgulho da cultura que é assaz exatamente simétrico da humilhação do trabalho e que com ela deve desaparecer. As raízes dêsse orgulho são profundas; mergulham na Antiguidade (grega e não judia, observe-se); sendo o trabalho a sina do escravo — sendo êle *servil* — era a cultura a sina do homem livre, era *liberal*. A oposição entre artes servis e artes liberais é, pois, tributária em larga medida da condição social imposta ao próprio trabalhador nas sociedades históricas; e a cultura avalia-se a si mesma, ou melhor, se superavalia, na exata medida em que consolida o regime que desvaloriza o trabalho.

É preciso ir-se ainda além: existe uma culpabilidade da cultura na medida em que esta é direta ou indiretamente um meio de exploração do trabalho; mandam aquêles que sabem e que falam bem, êles é que empreendem, correm os riscos (de vez que uma economia de mercado é uma economia de cálculos e riscos); necessita-se de "intelectuais" para estabelecerem a teoria do sistema, ensiná-la e justificá-la aos próprios olhos de suas vítimas. Em suma, o capitalismo só pôde perpetuar como economia porque foi também uma cultura, e mesmo uma moral e uma religião. Assim tem a palavra culpa na degradação do trabalho. Eis por que o pensamento revolucionário nutre um compreensível ressentimento contra o conjunto da cultura clássica, na medida em que é ela uma cultura burguesa e permitiu o acesso ao poder e a permanência nêle de uma classe exploradora. Todo homem que pensa e que escreve sem se preocupar, em seu estudo ou pesquisa por um regime em que seu trabalho é negociado como mercadoria, deve descobrir que essa liberdade, que essa alegria estão podres, pois elas são a contrapartida e, mediata ou imediatamente, a condição e o meio de um trabalho que, alhures, se faz sem liberdade e sem alegria, porque sabe que é tratado como coisa e assim se sente.

2º. Mas a condição moderna do trabalho não é definida apenas pelas condições econômico-sociais do capitalismo, mas também pela *forma tecnológica* que lhe deram as revoluções tecnológicas sucessivas; essa forma é relativamente independente do regime do capital e do trabalho e formula problemas que as revoluções não resolvem no nível do regime econômico e social do trabalho, mesmo se essas revoluções permitem formulá-los de modo mais correto e resolvê-los mais fàcilmente. O explodir dos ofícios antigos em tarefas parcelares e repetidas a exigir cada vez menor qualificação profissional dá motivo a problema perturbador; seria bom que o elogio do trabalho pelos filósofos e teólogos não se perca nas nuvens, no exato momento em que uma massa cada vez maior de trabalhadores tende a considerar seu trabalho como simples sacrifício social cujo sentido e alegria não mais se achariam em si mesmo, mas fora dêle: nos prazeres do consumidor e nos lazeres conquistados pelo abreviamento da jornada de trabalho. Ora, hoje êsse explodir em tarefas parcelares e repetidas não atinge apenas o trabalho industrial, mas os trabalhos de escritório e volta a encontrar-se, sob formas diferentes, na especialização científica, na especialização médica e, em graus diversos, em tôdas as formas do trabalho intelectual.

Êsse explodir e essa especialização compensam-se, é verdade, em todos os níveis, pela aparição de novos ofícios completos: construtores, retificadores, reparadores de máquinas; assiste-se da mesma forma a reagrupamentos de disciplinas científicas, graças às novas teorias que englobam e sistematizam disciplinas até então separadas etc. Mais adiante teremos de ver em que medida essa *polivalência* que compensa a *especialização* não é o fruto da cultura teórica, desinteressada de longínqua eficácia, que sem cessar retoma, corrige a formação técnica do operário e do pesquisador científico especializados.

Então me pergunto se a condição tecnológica do trabalho moderno não faz aparecer, para além das "alienações" sociais, uma miséria do trabalho vinculada à sua função "objetivante". Já se tornou célebre essa "objetivação" pela qual o homem se realiza, planifica e expande. Fêz-se mesmo disso a solução filosófica dos debates entre realismo e idealismo, entre subjetivismo e materialismo etc. e, para dizer tudo, a solução dos antigos embaraços da teoria do conhecimento e da ontologia. É próprio ao trabalho vincular-me a uma tarefa precisa, finita; é lá que mostro aquilo que sou, ao mostrar aquilo que posso; e mostro aquilo que posso fazendo algo de limitado; é o "finito" de meu trabalho que me revela aos outros e a mim mesmo. É coisa assaz verdadeira; mas êsse movimento que me revela, também me dissimula; me realiza, mas também me despersonaliza. Bem vejo, pela evolução dos misteres — inclusive o de intelectual — que existe um limite para o qual tende êsse movimento de objetivação: êsse limite é minha perda no gesto despido de sentido, na atividade no sentido próprio insignificante, porque sem horizonte. Mas ser homem é não apenas fazer o finito, mas também compreender o conjunto, e assim voltar-se para êsse outro limite, inverso do gesto despido de sentido, para o horizonte de totalidade da existência humana que denomino mundo ou ser. Somos bruscamente reconduzidos, graças a essa fresta, que o trabalho moderno nos propõe, aos nossos conceitos sôbre a palavra como significando o conjunto, como vontade de compreensão total.

A evolução moderna do trabalho talvez só faça, pois, revelar uma tendência profunda do trabalho, que é absorver-nos no finito, realizando-nos. Essa insensível perda de si trai-se por uma espécie de *aborrecimento*, que lentamente substitui o *sofrimento* na execução do trabalho, como se a pena da objetivação se reencarnasse mais sutilmente em uma espécie de mal psíquico, inerente ao parcelamento e à repetição do trabalho moderno.

Essa tendência é irredutível à "alienação", que é em sentido próprio não apenas a perda do homem num outro, mas essa perda em proveito de outro que o explora. Estabelece a alienação um ploblema social e finalmente *político*, a objetivação, um problema *cultural*.

Então me pergunto se não existe, no atual mal-estar da cultura, algo que responda correlativamente ao mal-estar fundamental do trabalho contemporâneo. Para além da perversão burguesa da cultura, as artes, a literatura, o ensino universitário exprimem a surda resistência de adaptação do homem ao mundo moderno.

Essa resistência por certo não é pura; trai o enlouquecer do homem adolescente face às bruscas mutações do mundo técnico; exprime a lesão de uma antiga relação do homem a um ambiente "natural"; atesta a inquietação de um ritmo temporal pôsto em desordem. Essa confusão conjuga-se a uma consciência pesada, a do Sócrates de Valéry que, ao encontrar nos infernos o arquiteto Eupalinos, lamenta nada ter feito com suas próprias mãos e apenas ter pensado, isto é, *tagarelado*. E consciência pesada, como sempre, transforma-se em ressentimento: pois se Sócrates descobre que não deixou as sombras da caverna pela realidade das Idéias, mas que apenas deixou a realidade das máquinas pelas sombras do discurso, Sócrates odiará as máquinas e a realidade.

Nada de tudo isto é puro e absolutamente autêntico. Para além de tal confusão e de tal consciência pesada que se somam curiosamente, a cultura exprime uma legítima recusa a adaptação. A cultura também é aquilo que desadapta o homem, que o mantém a postos para o aberto, o longínquo, o outro, o todo. É a função das "humanidades", da história, e mais que tudo, da filosofia, de contrabater a "objetivação" pela "reflexão" de compensar a adaptação do homem operário a um trabalho *finito*, pela interrogação do homem crítico sôbre sua condição humana em conjunto e pelo canto do homem poético. A *educação*, no sentido forte da expressão, não é talvez senão o justo mas difícil equilíbrio entre a exigência de objetivação — isto é, de adaptação — e a exigência de reflexão e de desadaptação; é o tenso equilíbrio que mantém de pé o homem."

RICOEUR, Paul. *História e Verdade*. Rio de Janeiro, Forense, 1968, p. 215-219. (Trad. F. A. Ribeiro.)

Capítulo 11

O homem na ordem política da sociedade: poder e dominação

Como vimos anteriormente, os dados da história antropológica nos mostram que os ancestrais da espécie humana deixaram de viver isolados ou em bandos, passando a viver em sociedade, em decorrência das necessidades e exigências surgidas de sua forma de provimento dos elementos naturais para a manutenção de sua existência. Na realidade, a divisão das tarefas produtivas acarretou uma forma de organização da sociedade. Fala-se de "sociedade" para designar exatamente um grupo organizado, um grupo que se estrutura em função de algum tipo de relações que unem os indivíduos e que se diferencie do mero ajuntamento gregário ditado e imposto apenas pelas forças biológicas instintivas.

E é só por metáfora que falamos da "sociedade" das abelhas ou dos termitas! É claro que estamos diante de um agrupamento de indivíduos extremamente organizado, até mesmo com sofisticação. Só que essa organização e seu funcionamento são mecanicamente determinados tanto quanto o são os organismos biológicos de cada um dos indivíduos que integram esse grupo. O comportamento de cada um dos integrantes já está preestabelecido no seu código genético, nenhuma flexibilidade ocorrerá a não ser quando igualmente determinada pela evolução biológica, pelas exigências mecânicas de adaptação dos organismos vivos às condições naturais ambientes.

No caso da sociedade humana, do mesmo modo que ocorreu com a prática produtiva, as relações que ligam os indivíduos entre si são flexíveis, na medida mesma em que também são atravessadas pela representação simbólica. É claro que os homens mantêm as mesmas condições de agregação próprias dos demais seres vivos, só que a elas se sobrepõem intenções diferenciadoras, instauradas a partir da representação simbólica gerada em nível de subjetividade.

A especialização das funções produtivas ligada à diferenciação em termos de propriedade dos meios de produção leva a uma organização da sociedade em que os indivíduos e grupos não se encontram mais em condições simétricas de igualdade. Insinua-se então entre os homens o fato fundamental da vida em sociedade: o *poder*! Alguns *podem* mais que os outros, uns dominam outros. As relações entre os homens não são mais apenas relações de troca entre iguais mas relações de poder que pressupõem e consolidam situações de desigualdade entre as pessoas. Emerge assim a esfera do *político*, no sentido estrito.

As questões tratadas neste capítulo, de um ponto de vista filosófico, são objeto sobretudo de duas ciências humanas: a *sociologia* e a *política*. Lamentavelmente nem sempre essas ciências estão presentes no currículo de 2º grau! Mas elas deveriam constar do mesmo, pois é impossível compreender o sentido da vida social se não se conhecer um pouco mais objetivamente a sociedade. É por isso, aliás, que a filosofia hoje não perde de vista as conclusões das ciências sociais enquanto disciplinas científicas. Com efeito, elas procuram explicar todos os fenômenos, aspectos e relações da sociedade, vista como forma de existência dos homens. Portanto, são seus objetos de estudo os tipos de sociedades, as atividades sociais dos homens, o trabalho, a família, o Estado, a cultura, os grupos sociais, os movimentos sociais etc.

A investigação histórico-antropológica mostra que, de modo geral, tem mais poder quem dispõe dos meios de produção: da terra, das ferramentas, dos insumos etc. É por isso que se diz que o exercício do poder no plano político decorre, em última instância, do exercício do poder no plano econômico. O que a antropologia mostrou no recorte histórico, a sociologia confirma através de suas análises feitas no recorte das relações sociais da atualidade.

Por ser a vida em sociedade outra mediação de sua existência, os homens só podem ser plenamente homens na condição de ser social. Isso significa que não basta aos homens usufruírem dos bens materiais e dos bens simbólicos, ou melhor dizendo, o exercício do trabalho e a apropriação da cultura simbólica só podem ocorrer no âmbito da esfera da vida social.

Por outro lado, a existência do homem, enquanto tecida pelas relações sociais, pode ainda ser outro lugar de sua alienação, ou seja, também a vida social pode ensejar a desumanização dos indivíduos. Trata-se então da vida em situação de *opressão* ou de *dominação*. Com efeito, as relações inter-humanas que se expressam na vida social, como já vimos, são relações atravessadas e impregnadas por um forte coeficiente de poder, decorrente da estruturação hierarquizada dos grupos sociais. Na realidade, os homens não se encontram em condições de igualdade no interior da sociedade: uns podem mais que outros e acabam impondo seu poder de maneira opressiva e dominadora.

Esse poder que impregna todo o tecido social vai se institucionalizando através de instâncias específicas de natureza jurídica, política e administrativa: são os aparelhos de governo cujo exemplo mais significativo é o *Estado*. Ele nasce em função da própria expressão das relações políticas estabelecendo-as de maneira clara e explícita. Assim, desde sua instauração, o Estado surge encarnando uma "vontade" de ordenação política da sociedade, articulando os direitos e os deveres de todos os seus integrantes.

A filosofia, tanto quanto as ciências sociais, sempre se preocupou com essa questão do poder político. Já Platão e Aristóteles a discutiram a fundo. Sempre se tentou esclarecer os processos de organização da sociedade, inclusive buscando-se ver como seria possível fazê-la sob uma forma "democrática", ou seja, garantindo-se um mínimo de condições de igualdade entre os homens. Nesse caso, pretende-se diminuir o índice de opressão que perpassa as relações que ligam os membros da sociedade entre si e frente aos aparelhos de governo. Historicamente, o Estado assumiu várias formas, umas mais autocráticas, outras mais democráticas. Para a filosofia crítica, é claro que só os regimes democráticos fornecem a devida mediação para que os indivíduos se realizem como seres humanos, as ditaduras sempre representando formas concretas de opressão e de dominação que, necessariamente, os alienam, privando-os de compartilharem do exercício do poder, dos direitos da cidadania.

Ademais, desde suas origens, as sociedades, ao mesmo tempo que vão se organizando, se institucionalizando, igualmente vão elaborando teorias que justificam essa organização e esclarecem o significado do poder entre os homens.

O que se vê originariamente nas sociedades é que o exercício do poder se concentra nas mãos de uma única pessoa, o poder é personalizado. E isso é justificado com base em privilégios da mais variada natureza, destacando-se a hereditariedade e a destinação divina. Esse tipo de justificativa é evidentemente ideológica, pois que, de fato, o poder é personalizado pela força e pela violência. A instituição de governo criada nessas condições é marcada pela autocracia, pelo totalitarismo e pelo absolutismo, uma vez que uma única pessoa dispõe de um direito tão amplo e forte, podendo inclusive dispor da vida e da morte dos demais indivíduos, reduzidos à condição de súditos.

Com as transformações ocorridas na sociedade moderna, também esse tipo de ordenação social vai sendo aos poucos criticado, buscando-se novas formas de ordenação política da sociedade. Assim, na época moderna, em função sobretudo da formação da burguesia como detentora do poder econômico, vão ocorrer as chamadas *revoluções* liberais, fundadas na ideologia da democracia e do liberalismo: passa-se a exigir que as pessoas e as instituições responsáveis pelo exercício do poder sejam legitimadas pelo consentimento de todos os indivíduos que constituem aquela sociedade. Os súditos devem passar a ser cidadãos, já que todos os indivíduos seriam iguais e livres, não podendo ser governados autoritariamente. Todas as formas de organização político-institucional da sociedade se distribuem entre as formas totalitárias e as democráticas.

O Estado se firmou então na sociedade moderna como o seu organismo político, cuja destinação seria a de coordenar a vida dos seus membros, evitando os conflitos e cuidando de assegurar os direitos de todos, bem como o cumprimento de seus deveres. Mas esse Estado é visto apenas como uma instância institucionalizada do poder, do qual todos seriam detentores. Os dirigentes do Estado, enquanto aparelho de governo, recebem dos cidadãos apenas uma delegação para o exercício das funções públicas, podendo ser destituídos dessa delegação a qualquer instante.

Assim, ao contrário do Estado autoritário, fundado no *fato* da vontade singular de um único indivíduo, o Estado democrático quer se fundar no *direito* expresso pela vontade livre do conjunto dos cidadãos. É por isso que os Estados modernos, que surgiram em conseqüência das revoluções liberais, vão se organizar com base em *Constituições*, que são cartas que definem os direitos e os deveres de todos os cidadãos, bem como os limites do exercício do poder.

Teoricamente, esse Estado seria a consolidação institucional, no plano político, da democracia, ou seja, a sociedade onde o poder é diretamente pertencente a todos os cidadãos e eqüitativamente distribuído. O governo só exerce esse poder por delegação consensual e nunca poderia ultrapassar determinados limites definidos formalmente por instrumentos jurídicos.

A formação social capitalista e a organização tecnocrática do Estado

Mas a reflexão filosófica contemporânea, esclarecida pelas descobertas das ciências sociais, mantém-se muito atenta aos processos de opressão que se insinuam disfarçadamente mesmo no interior das formas democráticas de governo. Procede a uma severa análise das mesmas, sob o prisma da perspectiva ideológica. Assim, em que pese toda sua retórica liberal, o Estado burguês moderno não assegura efetivamente os direitos de todos os seus supostos cidadãos. Não constitui, de fato, um Estado autenticamente democrático, uma vez que para ser tal precisaria assegurar a *todos* os indivíduos as efetivas condições de existência: o exercício do poder social, a obtenção dos bens naturais da produção e o usufruto dos bens simbólicos da cultura.

Ora, com efeito, não é isso que vem ocorrendo na sociedade contemporânea. Com efeito, ela está predominantemente organizada sob uma formação social capitalista, em virtude da predominância do modo de produção próprio do capitalismo. É que as relações sociais que os indivíduos estabelecem entre si são diretamente influenciadas em decorrência do intercâmbio que, mediante o trabalho, eles praticam com a natureza. O desenvolvimento das forças produtivas (processo tecnológico) e a divisão social do trabalho é que vão determinando as relações sociais, especialmente as relações de classes.

Mas as classes, contrapondo-se mutuamente, vivem em situação de permanente conflito. Os conflitos, contudo, não podem ocorrer efetivamente, pois isso ameaçaria o funcionamento do conjunto social. Por isso mesmo, a classe dominante vai criar um instrumento propriamente político para sustentar o conjunto das relações sociais que são do seu interesse. Esse instrumento é o Estado.

O Estado é o instrumento pelo qual a classe economicamente dominante se faz também politicamente dominante. E o Estado faz isso mediante dispositivos jurídico-administrativos, bem como por meio de processos propriamente ideológicos. Enquanto superestrutura jurídico-administrativa, o Estado pode até adquirir alguma autonomia, escapando ao controle dos grupos economicamente dominantes. Por isso mesmo, na história política do Ocidente, a burguesia esposou, desde o século XVIII, o liberalismo como sua ideologia, no sentido de defender suas atividades contra uma excessiva intervenção do aparelho de Estado, quando ela pudesse ameaçar-lhe os interesses.

Não há dúvida de que, desde Platão, a natureza política da sociedade e o papel do Estado vêm sendo discutidos pela filosofia e pelas ciências sociais. Mas até hoje os homens não conseguiram nem encontrar um sentido completo para o Estado nem constituir uma forma adequada de organização da sociedade que atendesse efetivamente aos interesses de todos os indivíduos. Isso porque os homens ainda não conseguiram resolver a questão do poder que entre eles vigora.

O fato é que as experiências históricas de Estado, inclusive em sua forma moderna de Estado liberal capitalista, não instauraram uma real democracia, entendida essa como a forma de organização social que assegurasse o máximo de igualdade entre as pessoas.

A realidade histórica é que milhões de indivíduos não encontram sua realização humana nessa esfera da mediação social de sua existência. Marginalizados e excluídos, são totalmente desumanizados. Só poucas pessoas encontram aí condições de infra-estrutura para uma existência mais humana.

Questões para pesquisa e discussão

• Compare a organização dos grupos gregários com aquela das sociedades humanas, explicitando o que se entende por inteligência cristalizada.

• Pesquise e exponha as principais formas propostas pelos pensadores para a organização do poder político.

• Exponha as concepções políticas de Platão, Aristóteles, Rousseau, Hobbes, Maquiavel, Hegel e Marx.

• Como se poderia caracterizar a atual forma de organização política do Estado brasileiro?

Esclarecendo alguns conceitos

Poder político: capacidade e exercício de domínio de pessoas ou grupos sobre outros, num contexto de relações sociais, com força de determinação de suas vontades e ações.

Filosofia política: área da filosofia que analisa as relações entre indivíduos e sociedade, as formas de expressão e exercício do poder, os sistemas de governo, a natureza e a fundamentação da atividade política.

Tecnocracia: sistema de organização política e social que se apóia apenas em procedimentos técnico-racionais, levando em conta tão-somente os critérios de funcionalidade, de eficiência e de produtividade, desconsiderando-se critérios éticos e sociais.

Liberalismo: posição político-filosófica que considera a liberdade individual como o princípio fundamental e o valor máximo da existência humana, contrapondo-se a todo e qualquer poder de intervenção que limite essa liberdade e cerceie a iniciativa dos indivíduos — de modo especial, o poder do Estado.

Leitura complementar

No texto escolhido, escrito em 1884, Engels procura mostrar a origem do Estado como diretamente decorrente da divisão da sociedade em classes, o que, por sua vez, é devido ao processo de desenvolvimento econômico.

Friedrich Engels nasceu em Barmen, na Alemanha, em 1820. Estudou na Universidade de Berlim, tendo se ligado ao grupo dos "jovens hegelianos", intelectuais que se inspiravam no pensamento de Hegel.

Atuou no jornalismo, na militância política, na organização do proletariado e no tra-

"O Estado não é pois, de modo algum, um poder que se impôs à sociedade de fora para dentro; tampouco é "a realidade da idéia moral", nem "a imagem e a realidade da razão", como afirma Hegel. É antes um produto da sociedade, quando esta chega a um determinado grau de desenvolvimento; é a confissão de que essa sociedade se enredou numa irremediável contradição com ela própria e está dividida por antagonismos irreconciliáveis que não consegue conjurar. Mas para que esses antagonismos, essas classes com interesses econômicos colidentes não se devorem e não consumam a sociedade numa luta estéril, faz-se necessário um poder colocado aparentemente por cima da sociedade, chamado a amortecer o choque e a mantê-lo dentro dos limites da "ordem". Este poder, nascido da sociedade, mas posto acima dela se distanciando cada vez mais, é o Estado.

balho teórico. Atuou também na administração da indústria de seu pai, em Manchester, na Inglaterra.

Morreu em Londres, em 1895. No plano teórico, procurou fundamentar cientificamente o marxismo, daí suas tentativas de relacioná-lo às conquistas do positivismo.

Durante quarenta anos foi amigo e colaborador de Marx, com quem inclusive escreveu vários textos, na condição de co-autor. Mas escreveu também alguns outros livros sozinho, como *Socialismo utópico e socialismo científico* (1860); *Anti-Duhring* (1878); *A origem da família, da propriedade e do Estado* (1884); *Feuerbach e o fim da filosofia alemã* (1888).

Distinguindo-se da antiga organização gentílica, o Estado caracteriza-se, em primeiro lugar, pelo agrupamento dos seus súditos *de acordo com uma divisão territorial.* As velhas associações gentílicas, constituídas e sustentadas por vínculos de sangue, tinham chegado a ser, como vimos, insuficientes em grande parte, porque supunham a ligação de seus membros a um determinado território, o que deixara de acontecer há bastante tempo. O território permanecera, mas os homens se haviam tornado móveis. Tomada a divisão territorial como ponto de partida, deixou-se aos cidadãos o exercício dos seus direitos e deveres sociais onde estivessem estabelecidos, independentemente das gens e das tribos. Essa organização dos súditos do Estado conforme o território é comum a todos os Estados. Por isso nos parece natural; mas, em capítulos anteriores vimos como foram necessárias renhidas e longas lutas antes que em Atenas e Roma ela pudesse substituir a antiga organização gentílica.

O segundo traço característico é a instituição de uma *força pública*, que já não mais se identifica com o povo em armas. A necessidade dessa força pública especial deriva da divisão da sociedade em classes, que impossibilita qualquer organização armada espontânea da população. Os escravos integravam, também, a população; os 90 000 cidadãos de Atenas só constituíam uma classe privilegiada em confronto com os 365 000 escravos. O exército popular da democracia ateniense era uma força pública aristocrática contra os escravos, que mantinha submissos; todavia, para manter a ordem entre os cidadãos, foi preciso também criar uma força de polícia, como falamos anteriormente. Esta força pública existe em todo Estado; é formada não só de homens armados como, ainda, de acessórios materiais, os cárceres e as instituições coercitivas de todo gênero, desconhecidos pela sociedade da gens. Ela pode ser pouco importante e até quase nula nas sociedades em que ainda não se desenvolveram os antagonismos de classe, ou em lugares distantes, como sucedeu em certas regiões e em certas épocas nos Estados Unidos da América. Mas se fortalece na medida em que exacerbam os antagonismos de classe dentro do Estado e na medida em que os Estados contíguos crescem e aumentam de população. Basta-nos observar a Europa de hoje, onde a luta de classes e a rivalidade nas conquistas levaram a força pública a um tal grau de crescimento que ela ameaça engolir a sociedade inteira e o próprio Estado.

Para sustentar essa força pública, são exigidas contribuições por parte dos cidadãos do Estado: os *impostos*. A sociedade gentílica não teve idéias deles, mas nós os conhecemos muito bem. E, com os progressos da civilização, os impostos, inclusive, chegaram a ser poucos; o Estado emite letras sobre o futuro, contrai empréstimos, contrai *dívidas do Estado*. A velha Europa está em condições de nos falar, por experiência própria, também disso.

Donos da força pública e do direito de recolher os impostos, os funcionários, como órgãos da sociedade, põem-se então acima dela. O respeito livre e voluntariamente tributado aos órgãos da constituição gentílica já não lhes basta, mesmo que pudessem conquistá-lo; veículos de um poder que se tinha tornado estranho à sociedade, precisam impor respeito através de leis de exceção, em virtude das quais gozam de uma santidade e uma inviolabilidade especiais. O mais reles dos beleguins do Estado civilizado tem mais "autoridade" do que todos os órgãos da sociedade gentílica juntos; no entanto, o príncipe mais poderoso, o maior homem público, ou general, da civilização pode invejar o mais modesto dos chefes de gens, pelo respeito espontâneo e indiscutido que lhe professavam. Este existia dentro mesmo da sociedade, aqueles vêem-se compelidos a pretender representar algo que está fora e acima dela.

Como o Estado nasceu da necessidade de conter o antagonismo das classes, e como, ao mesmo tempo, nasceu em meio ao conflito delas, é por regra geral, o Estado da classe mais poderosa, da classe economicamente dominante, classe que, por intermédio dele, se converte também em classe politicamente dominante e adquire novos meios para a repressão e exploração da classe oprimida. Assim, o Estado antigo foi, sobretudo, o Estado dos senhores de escravos para manter os escravos subjugados; o Estado feudal foi o órgão de que se valeu a nobreza para manter a sujeição dos servos e camponeses dependentes; e o moderno Estado representativo é o instrumento de que se serve o capital para explorar o trabalho assalariado. Entretanto, por exceção, há períodos em que as lutas de classes se equilibram de tal modo que o Poder do Estado, como mediador aparente, adquire certa independência momentânea em face das classes. Nesta situação, achava-se a monarquia absoluta dos séculos XVII e XVIII, que controlava a balança entre a nobreza e os cidadãos; de igual maneira, o bonapartismo do primeiro império francês, e principalmente do segundo, que jogava com os proletários contra a burguesia e com esta contra aqueles. O mais recente caso dessa espécie, em que opressores e oprimidos aparecem igualmente ridículos, é o do novo império alemão da nação bismarckiana: aqui, capitalistas e trabalhadores são postos na balança uns contra os outros e são igualmente ludibriados para proveito exclusivo dos degenerados "junkers" prussianos.

Além disso, na maior parte dos Estados históricos, os direitos concedidos aos cidadãos são regulados de acordo com as posses dos referidos cidadãos, pelo que se evidencia ser o Estado um organismo para a proteção dos que possuem contra os que não possuem. Foi o que vimos em Atenas e em Roma, onde a classificação da população era estabelecida pelo montante dos bens. O mesmo acontece no Estado feudal da Idade Média, onde o poder político era distribuído conforme a importância da propriedade territorial. E é o que podemos ver no censo eleitoral dos modernos Estados representativos. Entretanto, esse reconhecimento político das diferenças de fortuna não tem nada de essencial; pelo contrário, revela até um grau inferior de desenvolvimento do Estado. A república democrática — a mais elevada das formas de Estado, e que, em nossas atuais condições sociais, vai aparecendo como uma necessidade cada vez mais iniludível, e é a única forma de Estado sob a qual pode ser travada a última e definitiva batalha entre o proletariado e a burguesia — não mais reconhece oficialmente as diferenças de fortuna. Nela, a riqueza exerce seu poder de modo indireto, embora mais seguro. De um lado, sob a forma de corrupção direta dos funcionários do Estado, e na América vamos encontrar o exemplo clássico, de outro lado, sob a forma de aliança entre o governo e a Bolsa. Tal aliança se concretiza com facilidade tanto maior quanto mais cresçam as dívidas do Estado e quanto mais as sociedades por ações concentrem em suas mãos, além do transporte, a própria produção, fazendo da Bolsa o seu centro. Tanto quanto a América, a nova república francesa é um exemplo muito claro disso, e a boa e velha Suíça também traz a sua contribuição nesse terreno. Mas, que a república democrática não é imprescindível para essa fraternal união entre Bolsa e governo, prova-o, além da Inglaterra, o novo império alemão, onde não se pode dizer quem o sufrágio universal elevou mais alto, se Bismarck, se Bleichröder. E, por último, é diretamente através do sufrágio universal que a classe possuidora domina. Enquanto a classe oprimida — em nosso caso, o proletariado — não está madura para promover ela mesma a sua emancipação, a maioria dos seus membros considera a ordem social existente como a única possível e, politicamente, forma a cauda da classe capitalista, sua ala da extrema esquerda. Na medida, entretanto, em que vai amadurecendo para a auto-emancipação, constitui-se como um partido independente e elege seus próprios representantes e não os dos capitalistas. O sufrágio universal é, assim, o índice do amadurecimento da classe operária. No Estado atual, não pode, nem poderá jamais, ir além disso; mas é o suficiente. No dia em que o termômetro do sufrágio universal registrar para os trabalhadores o ponto de ebulição, eles saberão — tanto quanto os capitalistas — o que lhes cabe fazer.

Portanto, o Estado não tem existido eternamente. Houve sociedades que se organizaram sem ele, não tiveram a menor noção do Estado ou de seu poder. Ao chegar a certa fase de desenvolvimento econômico, que estava necessariamente ligada à divisão da sociedade em classes, essa divisão tornou o Estado uma necessidade. Estamos agora nos aproximando, com rapidez, de uma fase de desenvolvimento da produção em que a existência dessas classes não apenas deixou de ser uma necessidade, mas até se converteu num obstáculo à produção mesma. As classes vão desaparecer, e de maneira tão inevitável como no passado surgiram. Com o desaparecimento das classes, desaparecerá inevitavelmente o Estado. A sociedade, reorganizando de uma forma nova a produção, na base de uma associação livre de produtores iguais, mandará toda a máquina do Estado para o lugar que lhe há de corresponder: o museu de antiguidades, ao lado da roca de fiar e do machado de bronze."

ENGELS, F. *A origem da família, da propriedade privada e do Estado.* Rio de Janeiro, Civilização Brasileira, 1975, p. 191-196. (Trad. Leandro Konder.)

Capítulo 12

A atividade simbolizadora do homem: produção e organização da cultura

A compreensão do sentido da existência humana passa também pela sua capacidade de desenvolver um terceiro tipo de prática: a prática simbolizadora, expressão de sua subjetividade, de sua consciência.

Para a filosofia, hoje, a consciência subjetiva com seu efetivo poder de intervenção na atividade produtiva e na atividade social dos homens é um fato antropológico. E como tal não precisa ser provado, tanto mais que ele acompanha a espécie humana desde suas origens. Ademais, nós o exercitamos cotidianamente.

Embora tenha se constituído, desde essas origens, como estratégia da vida e equipamento para a ação, a consciência ganhou, no decorrer da história da espécie humana, uma certa autonomia, desenvolvendo sua atividade como se fosse independente das outras mediações da existência. Passa a desempenhar atividade significadora não necessariamente voltada, de maneira direta e imediata, para finalidades pragmáticas.

Foi em função disso que os homens passaram a constituir a *cultura*, ou seja, forma representando simbolicamente todos os aspectos da realidade, criando *sistemas de símbolos* que expressassem assim como que uma segunda realidade. As relações produtivas e sociais são simbolizadas em nível de representação e de apreciação valorativa, visando-se sua significação e sua legitimação.

Com efeito, a atividade especificamente subjetiva se desdobra em dois níveis: de um lado, ela comporta uma dimensão de simbolização mediante *representações* (conceitos) e, de outro lado, uma dimensão de simbolização mediante *valorações* (valores). Ou seja, todo aspecto da realidade é simultaneamente assumido pela subjetividade humana como algo que se *conhece* e como algo que se *aprecia*, que se *valoriza*; sua significação é simultaneamente cognoscitiva e valorativa. É o modo humano de apreensão da realidade, incluindo-se aí os dados naturais, as relações sociais, os elementos objetivados da cultura, as atividades da própria consciência, enfim, tudo...

Sem dúvida, a questão desse aspecto da condição humana enquanto ser subjetivo é uma das questões mais difíceis e complicadas da filosofia, até porque todas as formas de conhecimento humano — a ciência, a arte, a filosofia e a cultura em geral — só existem porque existe a consciência subjetiva e seus produtos só têm sentido para uma consciência subjetiva.

A discussão e a reflexão sobre as questões do conhecimento constituem a tarefa da *epistemologia*, área da filosofia que busca descrever os processos do conhecimento, seu alcance e validade.

Já a discussão e a reflexão sobre a capacidade da consciência humana em ter sensibilidade a valores forma o campo das disciplinas filosóficas da área da *axiologia*: ética, estética, filosofia da educação, do direito etc.

Na sua reflexão sobre essas dimensões da consciência subjetiva dos homens, a filosofia de hoje também leva em consideração as contribuições da *Psicologia*, aproveitando subsídios das várias disciplinas psicológicas em função dos valiosos elementos descobertos pelos psicólogos mediante criterioso trabalho experimental e teórico.

Há uma ampla interface entre filosofia e psicologia quando se trata de estudar temas relacionados com a atividade subjetiva dos homens, com a sua identidade, com os determinantes de seu agir.

Mas como a vivência da consciência subjetiva não é um processo desvinculado das demais esferas da existência humana, não é mais possível que a filosofia trate das questões ligadas à prática simbolizadora dos homens sem um constante intercâmbio com as ciências que investigam essas outras esferas. Tanto mais que todas as formas culturais concretas, que, por assim dizer, materializaram essas práticas subjetivas em produtos culturais, já passaram a ser objeto de estudo científico. Assim, além da Psicologia, a Antropologia, a Etnologia, a Semiologia, a Lingüística, a Sociologia, o Direito, a Política também fornecem subsídios para a correspondente reflexão filosófica que procura, por sua vez, abordar, de seu ponto de vista, os significados dessas práticas.

Já vimos que a subjetividade humana se manifesta originariamente como um novo equipamento de que a espécie dispunha para "intencionalizar" sua prática, ou seja, para agir projetando sua ação. Mas, no decurso de seu desenvolvimento, essa atividade subjetiva, simbolizadora, tanto no plano da representação como naquele da avaliação das coisas dadas na experiência dos homens, foi se expandindo e se autonomizando, passando a criar novos objetos simbólicos.

Assim, a experiência subjetiva dos homens desenrola-se num espectro bastante amplo de sensibilidade. Ela é uma sensibilidade intelectual, racional, mas é também uma sensibilidade valorativa, ética, estética, religiosa etc. E toda a produção decorrente dessa atividade subjetiva vai se expressar objetivamente através de bens culturais, de natureza simbólica. E que se traduz nas criações do "espírito" humano: a linguagem, a arte, a religião, a ciência, a filosofia, o direito, a política, as formas de comunicação etc.

Como já vimos anteriormente, todas essas dimensões são hoje objeto de investigação e de estudo científico, mas continuam sendo igualmente preocupação da filosofia. A filosofia busca compreender o sentido dessas manifestações do sentido da totalidade da existência humana.

A linguagem

Vimos notando, no decurso das considerações sobre o homem que estamos fazendo neste livro, que ele é um *ser de relações* e que, em função dessa sua condição existencial básica, precisa se comunicar: seja com a natureza, com os seus semelhantes, consigo mesmo e com sua cultura. Era, pois, absolutamente natural que ele criasse sistemas de comunicação, já que não lhe era possível comunicar-se diretamente no plano das subjetividades.

Assim, a linguagem enquanto um sistema simbólico surge para agilizar à comunicação entre os homens, talvez substituindo e aperfeiçoando outros sistemas gestuais mais concretos. Ao tomar como código para sua comunicação símbolos ou signos arbitrários puramente convencionais, para traduzir e expressar seus conceitos e valores, os homens agilizam seu intercâmbio comunicativo. Os nomes que damos aos objetos, às experiências e às situações nos permitem ter sempre presente na consciência a sua representação, podendo assim, quando necessitarmos, passá-los aos nossos semelhantes sem a presença física desses objetos e situações. A linguagem, enquanto sistema de símbolos, permite ir além da realidade vivida, transpondo as coisas para um outro plano, constituindo um nível intermediário entre o dado imediato, singular, empírico, e a idéia abstrata e universal, enquanto pura representação mental desse dado, pela consciência subjetiva.

A arte

Já a arte é a forma de expressão das experiências que os homens têm através dos sentimentos e da imaginação. É a expressão objetivada da sensibilidade estética, por meio da qual o homem vivencia o mundo, a realidade e a sua própria existência sob a perspectiva de uma valoração específica que tem a ver com certa intuição mais diretamente ligada à percepção de nossos sentidos: visão, audição, tato, gosto e olfato.

Ela registra e expressa os aspectos do real que agradam especificamente a esses sentidos da percepção: a sensação do belo, que agrada à visão; a sensação do harmonioso, que agrada à audição; do macio, que agrada ao tato; do gostoso, que agrada ao olfato. Trata-se de outras tantas vias de se experienciar o mundo, e também de "representá-lo", mais intimamente ligadas à nossa consciência valorativa.

Chama-se *estética* a área da filosofia que estuda esse âmbito da experiência humana, referindo-se a esse "gosto" subjetivo, ao que agrada aos sentidos.

Todas as demais formas de expressão cultural também são objeto da reflexão filosófica, que se desenvolve aproveitanto sempre os resultados das investigações científicas que, desde o período moderno, foram realizadas pelas ciências humanas.

Além do próprio processo cultural como um todo, a atividade científica, as práticas jurídicas, os processos de comunicação, a religião, a educação, a atividade política e econômica constituem igualmente objeto da investigação filosófica, sob a perspectiva axiológica. É por isso que se fala de uma filosofia da cultura, de filosofia da ciência, de filosofia do direito, de filosofia da religião, de filosofia da educação, de filosofia política...

O enviesamento ideológico: a alienação da consciência

A prática da atividade subjetiva e o usufruto dos bens simbólicos que dela decorre são condições fundamentais para uma existência autenticamente humana. O pleno desenvolvimento das capacidades subjetivas é mediação insubstituível de humanização. Negar aos homens condições para a vivenciação dessa dimensão subjetiva da cultura é cercear-lhe sua própria constituição como homens. Daí a importância e a imprescindibilidade dos processos educacionais enquanto vias específicas e privilegiadas para o acesso à produção e ao usufruto dos bens culturais. Defender posições contrárias já é intervir ideologicamente no sentido de privar os indivíduos de sua cidadania.

Mas, por outro lado, se a cultura da consciência subjetiva — enquanto lugar da produção e da vivência do conhecimento, da ciência, da filosofia, da arte, da religião, da comunicação, da percepção dos direitos etc. — é mediação necessária da constituição da essência humana, no sentido de que não se pode ser integralmente homem sendo privado dela, ela é também lugar privilegiado de alienação.

Com efeito, o procedimento da consciência não tem a inflexibilidade presente na atividade mecânica do instinto. Ao representar e ao avaliar os diversos aspectos da realidade, a consciência facilmente os falseia. A representação da realidade perde então seu caráter objetivo e se impregna de significações dependentes em relação ao próprio sujeito que, então, se aliena. É que ocorre um processo ideologizante.

Na sua atividade subjetiva, a consciência deveria visar e dirigir-se à realidade objetiva; ocorre que quanto mais autônoma e livre em relação à mecanicidade dos instintos, quanto mais se considera autoconsciência pura, mais frágil se torna frente à objetividade e mais suscetível de funcionar desvinculada dela. À consciência subjetiva pode ocorrer de se projetar numa objetividade não-real, apenas projetada, imaginada, ideada. É como se estivesse imaginando um mundo inventado, invertido. E assim a consciência, alienando-se em relação à realidade objetiva, constrói conteúdos representativos com os quais pretende explicar os vários aspectos da realidade e que apresenta como verdadeiros e válidos. Mas, alienada, a consciência não percebe que tais conteúdos nem sempre estão se referindo adequadamente ao objeto. Na verdade, tais conteúdos — idéias, representações, conceitos, valores — são ideológicos, ou seja, têm obviamente um sentido, um significado, mas que está descolado do real, referem-se de fato a um outro aspecto da realidade que, no entanto, fica oculto e camuflado. No caso não se trata simplesmente de um erro da experiência, mas de um falseamento da própria apreensão da consciência, um desvirtuamento de seu proceder, decorrente sobretudo da pressão de interesses sociais que, intervindo na valoração da própria subjetividade, altera a relação de significação das representações. Interesses reais oriundos das forças sociais, sob a forma de valorações, sobrepõem-se à possível objetividade do conhecimento, de tal modo que as representações acabam tendo, de fato, dois níveis: o da *expressão manifesta*, portadora de uma significação explícita, e o da *expressão latente*, portadora de uma significação implícita. No nível da expressão manifesta, os conteúdos conceituais e valorativos são apresentados como resultantes tão-somente de uma elaboração teórica da atividade intelectual da consciência, como neutros e objetivos, verdades válidas e verdadeiras. Mas, no nível de sua expressão latente, relacionam-se com outras situações históricas e sociais que, paradoxalmente, revelam e ocultam ao mesmo tempo.

Esses interesses/valores que intervêm e interferem na atividade cognoscitiva e valorativa da consciência nascem das relações sociais de poder que tecem a sociedade. É para legitimar determinadas relações de poder que a consciência apresenta como objetivas, universais e necessárias algumas representações que, na realidade social referem-se, de fato, a interesses particulares.

Assim, todas as formas de consciência, com seus respectivos produtos, podem atuar ideologicamente, uma vez que, desde suas origens mais remotas, a consciência está sempre ligada aos interesses vitais. Desse ponto de vista, o mito, a religião, a arte, a ciência e a filosofia, quaisquer que sejam seus conteúdos, estão sempre abertos a essa transposição ideológica.

O quadro que se segue nos permite visualizar a ocorrência do processo ideológico, levando-se em conta o que já foi visto nos capítulos anteriores.

A GÊNESE DA CONSCIÊNCIA IDEOLOGIZADA DO PONTO DE VISTA ANTROPOLÓGICO

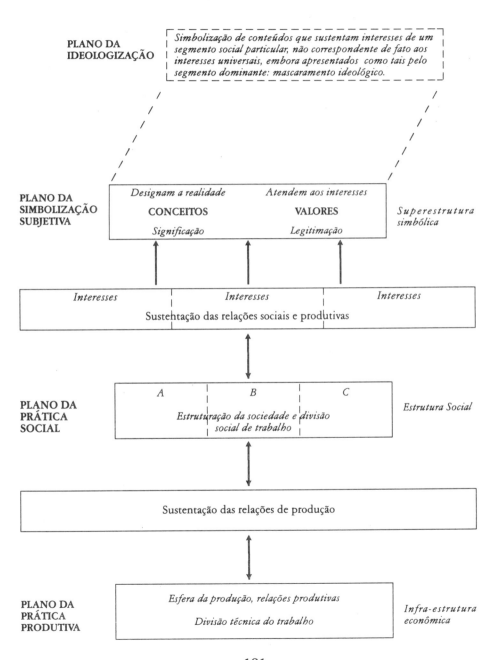

A divisão técnica do trabalho acarreta a divisão social do mesmo e a instauração da sociedade dividida em vários grupos particulares, na qual se estabelecem relações atravessadas por diferenciados coeficientes de poder. Na prática social, o conflito dos interesses opõe indivíduos e grupos entre si, uns passando a exercer poder sobre os outros, buscando eventualmente dominá-los. Para tanto, os grupos dominantes tenderão a se servir dos produtos resultantes da prática simbolizadora da consciência subjetiva: produções intelectuais, artísticas, culturais, jurídicas, religiosas, míticas, educacionais, científicas, filosóficas etc., que contêm conceitos e valores que podem ser utilizados na defesa de interesses particulares. Só que para serem realmente eficazes nessa defesa é preciso que os indivíduos os apreendam como se fossem legítimos defensores de seus próprios interesses. Então os grupos dominantes que elaboram esses sistemas de representações e valores os apresentam ao conjunto da sociedade como se representassem e legitimassem os interesses de *todos* os elementos do grupo social. Passam como sendo *universais* conceitos e valores que, de fato, são *particulares*.

Nessa situação de alienação ideológica, os indivíduos, cujos legítimos interesses são fraudados, acabam se tornando defensores dos interesses de seus próprios dominadores.

A ciência e a instrumentalização da razão

O enviesamento ideológico encontra campo fértil também numa das formas mais rigorosas produzidas pela subjetividade humana: a ciência. Como já vimos, a ciência se transformou na mais importante instância cultural do mundo moderno. Atingiu todos os espaços da vida dos homens, transformando profundamente suas relações produtivas e suas relações sociais e até mesmo sua própria subjetividade.

Essa influência e poder que a ciência adquiriu se devem fundamentalmente a dois fatores, um teórico e um prático. No plano teórico, a ciência é a forma de conhecimento que se tornou capaz de explicar o funcionamento do mundo natural de um jeito tal que dispensava qualquer apelo a entidades sobrenaturais, e sua explicação — suas teorias — satisfazia plenamente a razão humana na busca de compreensão das coisas.

Além disso, a ciência trazia aos homens, com essa explicação teórica, a capacidade de poder manipular o mundo, as coisas. Trata-se da capacidade técnica que os homens adquiriram por meio dos conhecimentos científicos sobre a realidade. Assim, puderam intervir e até transformar a natureza, já que eles desvendaram, através da ciência, todos os seus segredos e mecanismos. Conhecendo racionalmente as "leis" que governam todos os fenômenos naturais, os homens puderam "controlar" essas leis, intervindo no modo de organização e funcionamento das coisas.

Mas os cientistas não se contentaram em explicar e dominar as coisas do mundo físico! Logo descobriram que também a vida era um processo natural que seguia leis e passaram a intervir e controlar todos os processos biológicos.

Foram ainda além: a própria realidade humana e social deve ser abordada cientificamente, já que o homem é parte integrante e homogênea da natureza! Daí o surgimento das ciências humanas, criadas com base nos mesmos princípios positivistas das ciências naturais... Assim como sobre as concepções teóricas é possível elaborar uma técnica, por que não se fazer também uma tecnologia humana e uma engenharia social? Com efeito, o funcionamento da sociedade, enquanto realidade natural que é, deve seguir leis igualmente objetivas e controláveis pelos especialistas!

Com seus recursos técnicos para transformar as coisas, os homens puderam desenvolver a *indústria*. E com esta revolucionaram a própria civilização, e a ciência, que é a fonte de tudo, passou a ser considerada como a referência mais significativa de nossa cultura, quando não a única. Dessa maneira, ela acabou atravessando e impregnando todas as dimensões da existência dos homens em nossa sociedade atual. Assim, os homens passaram a recorrer à ciência e à técnica para resolver todos os seus problemas.

É bom observar que não há nenhuma dúvida que a constituição da ciência foi um elemento extremamente importante para a humanidade. Os conhecimentos científicos colaboraram para que os homens, ao desenvolverem sua cultura e sua civilização, fossem se libertando de mitos, de preconceitos, de ignorâncias e das doenças! Com o projeto de constituição da ciência, os pensadores modernos visavam inclusive criar um mundo melhor, uma sociedade democrática. Acreditavam eles que, superada a ignorância mediante a ciência, poderíamos criar condições mais adequadas de existência não só biológica como também social.

Só que os filósofos e cientistas, apoiados exclusivamente nesse naturalismo racionalista, não se deram conta de que o saber não é apenas um esquema de explicação das coisas objetivas. Ele é igualmente uma forma de poder que passa a ser exercido no interior da sociedade.

E a ciência, que pretendia libertar os homens dos determinismos da natureza, das doenças, da miséria, acabou se transformando numa nova forma de opressão para os mesmos homens! A razão que construía a ciência, de razão libertadora, como queriam os pensadores modernos, acabou se transformando em *razão instrumental* que, por meio de seu controle lógico-tecnológico, implantou uma *tecnocracia*: toda a vida humana é conduzida e determinada pelos padrões técnicos impostos pela ciência. E o que é pior, o poder da ciência e da técnica passa a ser controlado e usado por grupos humanos na defesa de seus interesses particulares. Ele se transformou num instrumento forte e adequado para a dominação e a exploração políticas! A vida das pessoas não é mais referida a critérios éticos e políticos, mas a critérios puramente técnicos! A condução de todas as atividades da sociedade é pensada e executada apenas por especialistas, considerados os únicos detentores do saber técnico-científico, e são eles que ditam as leis e diretrizes de toda a ação: é assim no âmbito da economia, da educação e da cultura em geral. Todas as atividades humanas são criterizadas pelo seu caráter funcional, e todo o sistema social busca apenas um desempenho a baixo custo e sempre visando maior eficiência e produtividade. Como se tudo se submetesse às regras da produção industrial...

A industrialização da cultura

Um dos maiores impactos da mercantilização geral decorrente dos processos basilares da produção capitalista sobre as atividades da consciência humana é aquele que atingiu a criação artística em particular e a cultura, de modo geral. Trata-se do fenômeno estudado sobretudo pelos filósofos da Escola de Frankfurt (Adorno, Horkheimer, Benjamin, Marcuse e Habermas): a industrialização da cultura.

A cultura passa a ser produzida como mais um conjunto de mercadorias destinadas ao consumo fetichista, ao mesmo tempo que é usada como mais um instrumento de controle e dominação ideológica das pessoas, destituídas de seu poder de criação e expropriadas enquanto usufruidoras dos bens culturais.

Esclarecendo alguns conceitos

Cultura: do ponto de vista antropológico, e por oposição à natureza, a cultura é o conjunto dos produtos, das representações e dos procedimentos postos pelos homens enquanto seres sociais. Tudo aquilo que não é posto como mero resultado da ação mecânica da natureza, portanto, tudo aquilo que passa por uma impregnação de algum tipo de intervenção humana.

Daí significar também o processo global dinâmico pelo qual esses elementos que a constituem se inter-relacionam e são apropriados, pelas vias da educação e das demais formas de comunicação, pelos indivíduos que compõem a sociedade.

Num plano ainda mais abrangente, a cultura significa essa dimensão mais espiritual da vida social ou individual e que é constituída por processos subjetivos de simbolização, de imaginação e de sensibilidade.

Signo: é todo elemento que representa e substitui um objeto enquanto apreensível por um sujeito; é uma entidade formada de um aspecto físico ou significante e de um aspecto inteligível ou significado. Assim, no caso do signo lingüístico, o som é o significante e o conceito, o significado. No signo, a relação significante/significado é estabelecida arbitrária e convencionalmente.

Significante: é a parte materializada do signo, a parte perceptível, imagem acústica.

Significado: é a parte imaterial do signo, a parte inteligível, o conteúdo ideal, o conceito.

Símbolo: é o signo onde a relação significante/significado já não é totalmente arbitrária, uma vez que decorre de uma analogia real ou suposta, aproveitando-se de unidades previamente significativas. Exemplo: a balança como símbolo da justiça, o cão como símbolo da lealdade, a bandeira como símbolo do país.

Sinal: é um fato físico ligado a outro fato físico por uma relação natural ou convencional: nuvem negra é sinal de chuva, batida de sino é sinal de missa. O sinal é percebido como impressão sensorial, relaciona duas sensações. É indicativo, tem função sensório-motor, ao passo que o símbolo tem função meramente representativa.

Estética: área da filosofia encarregada do estudo da sensação, abordando a experiência vivida nas várias formas de sensibilidade, levando em conta a agradabilidade provocada no sujeito. Daí se relacionar diretamente com a arte enquanto forma de expressão criativa do belo.

Questões para pesquisa e discussão

• Estabeleça uma comparação entre as perspectivas da filosofia e a perspectiva das ciências humanas tendo em vista os respectivos esforços para a compreensão da cultura.

• O que vem a ser a linguagem e qual a sua importância no contexto da existência humana?

• Pesquise mais sobre a arte e seu lugar na cultura.

• Pesquise exemplos concretos de manifestações ideológicas na vida da sociedade brasileira atual, em suas diversas formas de expressão.

Leitura complementar

No texto que se segue, Adorno e Horkheimer criticam a industrialização da cultura, uma vez dominada pela mídia e inserida nos processos mais amplos de produção e consumo no mercado capitalista. Com efeito, o capitalismo cultural acabou atrofiando a imaginação e a espontaneidade dos artistas e das pessoas que vão apreciar a arte, fazendo com que tudo se torne medíocre e semelhante.

Max Horkheimer (1895-1973) e Theodor Adorno (1903-1969) são filósofos alemães que integraram o grupo dos pensadores conhecido como Escola de Frankfurt, ao qual pertenciam ainda Benjamin, Marcuse e Habermas. Por perseguição nazista, tiveram de se exilar na Inglaterra e nos EUA. Juntos escreveram importantes obras filosóficas, elaborando uma teoria crítica da ideologia da sociedade e da cultura contemporâneas, enquanto frutos do projeto iluminista da modernidade. Em co-autoria, publicaram *Dialética do esclarecimento* (1947). Adorno publicou *Um novo conceito de ideologia* (1930). Por sua vez, Horkheimer escreveu sozinho: *A situação atual da filosofia social* (1931); *Teoria tradicional e teoria crítica* (1937); *Filosofia da nova música* (1949); *Por uma crítica da razão instrumental* (1967); *Dialética negativa* (1966); *Teoria estética* (1968); e *Três estudos sobre Hegel* (1969).

"Pois a cultura contemporânea confere a tudo um ar de semelhança. O cinema, o rádio e as revistas constituem um sistema. Cada setor é coerente em si mesmo e todos o são em conjunto. Até mesmo as manifestações estéticas de tendências políticas opostas entoam o mesmo louvor do ritmo de aço. Os decorativos prédios administrativos e os centros de exposição industriais mal se distinguem nos países autoritários e nos demais países. Os edifícios monumentais e luminosos que se elevam por toda parte são os sinais exteriores do engenhoso planejamento das corporações internacionais, para o qual já se precipitava a livre iniciativa dos empresários, cujos monumentos são os sombrios prédios residenciais e comerciais de nossas desoladoras cidades. Os prédios mais antigos em torno dos centros urbanos feitos de concreto já parecem *slums* e os novos *bungalows* na periferia da cidade já proclamam, como as frágeis construções das feiras internacionais, o louvor do progresso técnico e convidam a descartá-los como latas de conserva após um breve período de uso. Mas os projetos de urbanização que, em pequenos apartamentos higiênicos, destinam-se a perpetuar o indivíduo como se ele fosse independente, submetem-no ainda mais profundamente a seu adversário, o poder absoluto do capital. Do mesmo modo que os moradores são enviados para os centros, como produtores e consumidores, em busca de trabalho e diversão, assim também as células habitacionais cristalizam-se em complexos densos e bem organizados. A unidade evidente do macrocosmo e do microcosmo demonstra para os homens o modelo de sua cultura: a falsa identidade do universal e do particular. Sob o po-

Influenciados por Hegel, por Max e por Freud, os pensadores frankfurtianos desenvolveram uma reflexão crítica em relação ao projeto iluminista da modernidade, denunciando o poder de dominação e de opressão da razão transformada em mero instrumento de ciência e de técnica, a destruição da sensibilidade estética dos homens e a tecnocratização do Estado. der do monopólio, toda cultura de massas é idêntica, e seu esqueleto, a ossatura conceitual fabricada por aquele, começa a se delinear. Os dirigentes não estão mais sequer muito interessados em encobri-lo, seu poder se fortalece quanto mais brutalmente ele se confessa de público. O cinema e o rádio não precisam mais se apresentar como arte. A verdade de que não passam de um negócio, eles a utilizam como uma ideologia destinada a legitimar o lixo que propositalmente produzem. Eles se definem a si mesmos como indústrias, e as cifras publicadas dos rendimentos de seus diretores gerais suprimem toda dúvida quanto à necessidade social de seus produtos.

Os interessados inclinam-se a dar uma explicação tecnológica da indústria cultural. O fato de que milhões de pessoas participam dessa indústria imporia métodos de reprodução que, por sua vez, tornam inevitável a disseminação de bens padronizados para a satisfação de necessidades iguais. O contraste técnico entre poucos centros de produção e uma recepção dispersa condicionaria a organização e o planejamento pela direção. Os padrões teriam resultado originariamente das necessidades dos consumidores: eis por que são aceitos sem resistência. De fato, o que o explica é o círculo da manipulação e da necessidade retroativa, no qual a unidade do sistema se torna cada vez mais coesa. O que não se diz é que o terreno no qual a técnica conquista seu poder sobre a sociedade é o poder que os economicamente mais fortes exercem sobre a sociedade. A racionalidade técnica hoje é a racionalidade da própria dominação. Ela é o caráter compulsivo da sociedade alineada de si mesma. Os automóveis, as bombas e o cinema mantêm coeso o todo e chega o momento em que seu elemento nivelador mostra sua força na própria injustiça à qual servia. Por enquanto, a técnica da indústria cultural levou apenas à padronização em série, sacrificando o que fazia a diferença entre a lógica da obra e a do sistema social. Isso, porém não deve ser atribuído a nenhuma lei evolutiva da técnica enquanto tal, mas à sua função na economia atual. A necessidade que talvez pudesse escapar ao controle central já é recalcada pelo controle da consciência individual. A passagem do telefone ao rádio separou claramente os papéis. Liberal, o telefone permitia que os participantes ainda desempenhassem o papel do sujeito. Democrático, o rádio transforma-os a todos igualmente em ouvintes, para entregá-los autoritariamente aos programas, iguais uns aos outros, das diferentes estações. Não se desenvolveu nenhum dispositivo de réplica e as emissões privadas são submetidas ao controle. Elas limitam-se ao domínio apócrifo dos "amadores", que ainda por cima são organizados de cima para baixo. No quadro da rádio oficial, porém, todo traço de espontaneidade no público é dirigido e absorvido, numa seleção profissional, por caçadores de talentos, competições diante do microfone e toda espécie de programas patrocinados. Os talentos já pertencem à indústria muito antes de serem apresentados por ela: de outro modo não se integrariam tão fervorosamente. A atitude do público que, pretensamente e de fato, favorece o sistema da indústria cultural é uma parte do sistema, não sua desculpa. Quando um ramo artístico segue a mesma receita usada por outro muito afastado dele quanto aos recursos e ao conteúdo; quando, finalmente, os conflitos dramáticos das novelas radiofônicas tornam-se o exemplo pedagógico para a solução de dificuldades técnicas, que à maneira do *jam,* são dominadas do mesmo modo que nos pontos culminantes da vida jazzística; ou quando a "adaptação" deturpadora de um movimento de Beethoven se efetua do mesmo modo que a adaptação de um romance de Tolstoi pelo cinema, o recurso aos desejos espontâneos do público torna-se uma desculpa esfarrapada. Uma explicação que se aproxima mais da realidade é a explicação a partir do peso específico do aparelho técnico e do pessoal, que devem todavia ser compreendidos, em seus menores detalhes, como partes do mecanismo econômico de seleção. Acresce a isso o acordo, ou pelo menos a determinação comum dos poderosos executivos, de nada produzir ou deixar passar que não corresponda a suas tabelas, à idéia que fazem dos consumidores e, sobretudo, que não se assemelha a eles próprios.

Se, em nossa época, a tendência social objetiva se encarna nas obscuras intenções subjetivas dos diretores gerais, estas são basicamente as dos setores mais poderosos da indústria: *aço, petróleo, eletricidade, química.* Comparados a esses, os monopólios culturais são fracos e dependentes. Eles têm que se apressar em dar razão aos verdadeiros donos do poder, para que sua esfera na sociedade de massas — esfera essa que produz um tipo específico de mercadoria que ainda tem muito a ver com o liberalismo bonachão e os intelectuais judeus — não seja submetida a uma série de expurgos. A dependência em que se encontra a mais poderosa sociedade radiofônica em face da indústria elétrica, ou a do cinema relativamente aos bancos, caracteriza a esfera inteira, cujos setores individuais por sua vez se interpenetram numa confusa trama econômica. Tudo está tão estreitamente justaposto que a concentração do espírito atinge um volume tal que lhe permite passar por cima da linha de demarcação entre as diferentes firmas e setores técnicos. A unidade implacável da indústria cultural atesta a unidade em formação da política. As distinções enfáticas que se fazem entre os filmes das categorias A e B, ou entre as histórias publicadas em revistas de diferentes preços, têm menos a ver com seu conteúdo do que com sua utilidade para a classificação, organização e computação estatística dos consumidores. Para todos algo está previsto; para que ninguém escape, as distinções são acentuadas e difundidas. O fornecimento ao público de uma hierarquia de qualidades serve apenas para uma quantificação ainda mais completa. Cada qual deve se comportar, como que espontaneamente, em conformidade com seu *level,* previamente caracterizado por certos sinais, e escolher a categoria dos produtos de massa fabricada para seu tipo. Reduzidos a um simples material estatístico, os consumidores são distribuídos nos mapas dos institutos de pesquisa (que não se distinguem mais dos de propaganda) em grupos de rendimentos assinalados por zonas vermelhas, verdes e azuis."

ADORNO, T. e HORKHEIMER, M. *Dialética do esclarecimento.* Rio de Janeiro, Jorge Zahar Editor, 1985, p. 112-115. (Trad. Guido Antônio de Almeida.)

Capítulo 13

O agir pessoal e a prática social: a ética e a política

Em toda a história da filosofia é possível perceber o quanto as questões relacionadas com o agir do homem ocuparam lugar importante na reflexão dos filósofos. Podemos até mesmo dizer que, se o problema fundamental da filosofia clássica foi o problema do ser e o da filosofia moderna, o do conhecer, o problema fundamental da filosofia contemporânea é, sem dúvida, o problema do agir. Embora estejamos ainda preocupados em saber melhor quem é o homem e como é que podemos conhecer, o que mais nos angustia hoje é saber quais são os critérios de nossa ação, é saber como devemos agir, qual a melhor maneira de agir enquanto homens.

É por isso que a filosofia continua buscando fundamentar também os nossos juízos de valor moral. Por mais que já saibamos que os valores que embutimos em nossas práticas pessoais cotidianas sejam herdados de nossa própria cultura, recebendo-os através dos processos informais e formais de educação, continuamos desafiados a justificá-los, a fundamentá-los, buscando esclarecer como eles se legitimam e legitimam o nosso agir individual e coletivo.

De um lado, o caráter imperativo da norma moral nos impressiona. Os valores morais se impõem a nós com força normativa e prescritiva, quase que ditando como nossas ações devem ser praticadas. Não segui-los nos dá sempre a sensação de que estamos infringindo normas, fazendo o que não devia ser feito.

De outro lado, nossas referências se tornaram mais frágeis na atualidade em decorrência da ampliação de nossos conhecimentos sobre a realidade. Quando insistimos na autonomia do sujeito, entendendo o homem como um ser dotado de vontade soberana e livre, nossos conhecimentos atuais

191

nos mostram o quanto somos frágeis contingentes, dominados pelas estruturas e forças pré-humanas; quando insistimos na predeterminação absoluta desses condicionamentos, defrontamo-nos com a experiência insuperável de sermos os sujeitos de nossa ação, sempre responsáveis por elas e sempre sabedores de todas as suas conseqüências.

Essa é a esfera da *moral,* campo de investigação da *ética,* área da filosofia que trata das questões do agir dos homens enquanto fundado em valores morais. Na filosofia contemporânea, a ética ocupa lugar de extrema relevância, tal a dificuldade que os homens continuam encontrando para resolver os problemas de sua ação. Sem dúvida, a ética contemporânea está buscando novos caminhos, está tentando fundamentar o agir moralmente válido de maneiras diferentes daquelas apresentadas pela história da filosofia.

A *ética*

Todos nós vivenciamos a experiência da consciência moral. Temos uma sensibilidade moral que nos faz avaliar se nossas ações são boas ou más, justas ou injustas, corretas ou não. Observamos que, em função desses valores, as várias culturas, nos vários momentos históricos, vão constituindo seus códigos de ação, seus sistemas jurídicos, impondo aos seus integrantes um modo de agir considerado adequado a essas normas. Esses aspectos, no entanto, são objeto de estudo de outras ciências: antropologia, sociologia, direito, história etc. A filosofia se preocupa em dar conta dos possíveis fundamentos desse modo de sentir as coisas. Construiu, para tanto, os seus sistemas éticos, bem de acordo com suas grandes referências.

O que nos mostra, com efeito, a história da filosofia? Num primeiro momento, tendeu a vincular os valores éticos à própria natureza metafísica dos homens. Na essência dos homens, já estariam inscritos, de maneira estável e permanente, os valores que deveriam presidir a sua ação, uma vez que definem bem os seus fins. O homem, como qualquer outro ser, busca a sua própria perfeição, que acontecerá quando sua essência estiver plenamente realizada. Como ela se realizará através de ações, o importante é que ele aja então de acordo com os valores a que se tem a devida sensibilidade mediante sua consciência moral. Estamos assim diante de uma *ética essencialista:* os valores da ação humana estão inscritos na própria essência do homem. Ao conhecer essa essência, podemos igualmente nos dar conta dos valores que a ela se vinculam e que poderão dirigir nossas ações no sentido de se tornarem moralmente boas!

Já sob a predominância do modo científico de pensar, a ética tende a se apoiar numa concepção naturalista do homem. Este é concebido tão-somente como um organismo vivo, regido pelas leis naturais, tanto no plano individual como no plano social, e que determinam sua maneira de ser e de se desenvolver. Valores e fins da ação humana se encontram expressos nas próprias leis naturais que regulam a vida! É bom tudo aquilo que reforçar a vida natural. Buscou-se assim, em vários sistemas filosóficos, constituir-se uma *ética naturalista*.

A ética, tal qual vem se expressando no âmbito da filosofia contemporânea, tende a ser, por sua vez, uma *ética praxista*. Isso em decorrência da nova referência antropológica que vem predominando na filosofia, como já vimos nos capítulos anteriores. Embora o homem seja entendido como ser natural e dotado de uma consciência subjetiva que lhe permite projetar e antever suas ações, ele não é visto mais, na filosofia atual, nem como um ser totalmente determinado nem como um ser totalmente livre. Sua ação é sempre um compromisso, um equilíbrio instável entre as injunções impostas pelas condições objetivas de sua existência e a sua iniciativa enquanto sujeito dotado de uma consciência livre.

Assim, a ética contemporânea entende que o sujeito se encontra sob as injunções da história que até certo ponto o conduz, mas que é também constituída por ele, por meio de sua prática efetiva. Ele não é mais nem um sujeito substancial, soberano e absolutamente livre, nem um sujeito empírico puramente natural. Ele é simultaneamente os dois, na medida em que é um *sujeito histórico-social*. É uma entidade natural histórica, determinada pelas condições objetivas de sua existência, ao mesmo tempo que atua sobre elas por meio de sua *práxis*.

A práxis é sua prática real enquanto atravessada pela intencionalidade subjetiva, ou seja, pela reflexão crítica, quando está agindo levando em consideração a totalidade dos esclarecimentos que sua subjetividade pode lhe fornecer quando criticamente aplicada.

Assim, tanto o sujeito da ação como o mundo enquanto objeto dessa ação se constituem historicamente. Nenhum deles é dado aprioristicamente ou só empiricamente. Isso tem profundas implicações quanto à ética. A ética adquire um *dimensionamento político,* uma vez que a ação do sujeito não pode mais ser vista e avaliada fora da relação social coletiva. Para julgar se uma determinada ação é boa ou má, não se pode mais deixar de avaliar se ela é justa ou não, ou seja, se ela contribui ou não para diminuir o coeficiente de poder dos homens entre si. É que nenhuma ação é mais puramente individual, todo agir é solidário no tecido histórico-social. Só é boa a ação que efetivamente contribuir para o aumento da igualdade entre os homens.

Desse modo, na filosofia contemporânea, a ética se entrelaça, necessariamente, com a política, entendida esta como a área de avaliação dos valores que atravessam as relações sociais que interligam os indivíduos entre si. Mas a política, por sua vez, está intimamente vinculada à ética, pois ela não pode ater-se exclusivamente a critérios técnico-funcionais, caso em que se transformaria numa ética totalitária que sufocaria as pessoas, destruindo sua identidade e sua dignidade.

Em se tratando, pois, de avaliar uma ação do ponto de vista ético, não basta se perguntar até que ponto ela fere um valor individual do sujeito: é preciso perguntar ainda até que ponto essa ação interfere na distribuição do poder entre os homens, ou seja, se ela aumenta ou diminui o índice de opressão e de dominação entre as pessoas. Isso porque a dignidade das pessoas não se circunscreve apenas a sua posição individual mas também a sua relação no tecido social.

Portanto, para que uma ação seja *eticamente* boa, é preciso que ela seja também *politicamente* boa, ou seja, que ela contribua para o aumento da justiça, entendida esta como a condição de distribuição eqüitativa dos bens materiais, culturais e "espirituais" (âmbito da dignidade humana). A gravidade de uma ação praticada contra as pessoas é diretamente proporcional às conseqüências que lhes acarreta na sua situação no contexto social, prejudicando-as no exercício de sua cidadania, degradando seu ser quer na esfera do trabalho, quer na esfera da convivência social, quer ainda na esfera de sua indentidade subjetiva.

Esse problema ético-político é extremamente grave no momento histórico que estamos vivendo. De um lado, porque as forças de dominação se consolidaram nas estruturas sociais e econômicas; de outro, porque nem sempre conseguimos ver claramente as coisas, obscurecidas que estão pela ideologia que envolve nossa percepção da realidade. Ademais, mesmo quando vemos claramente as coisas, nem sempre temos força para suplantar seu poder de dominação; outras vezes, sequer chegamos a entender os processos que nos envolvem, tal força da deturpação ideológica. Daí as dificuldades que enfrentamos para estabelecer os critérios de nossa ação e para desenvolver nossa prática em coerência com eles.

É por essa razão que dissemos acima que nossa atividade só será práxis se for impregnada por uma reflexão crítica, capaz de elucidar todas as suas implicações.

A criticidade é a qualidade da reflexão que supera a condição da consciência ingênua e da consciência dogmática, capaz de desvelar o enviesamento ideológico de todas as formas de discursos, teóricos e práticos, que constituem a cultura humana. Ela permite entender o próprio processo do conhecimento como situado sempre num contexto mais amplo e envolvente do que a relação direta sujeito/objeto. Ela situa as atividades da consciência, tanto da consciência cognoscitiva como da consciência valorativa, num contexto geral complexo, no âmbito da totalidade do existir humano. A vida da consciência é também uma resultante da trama dos relacionamentos socioculturais. Os conhecimentos hoje disponíveis para a humanidade constituem a expressão histórico-cultural do esforço que os homens fizeram para compreender e dominar os vários aspectos do seu universo. Ao serem elaborados, eles incorporaram marcas do profundo condicionamento que exercem sobre a atividade subjetiva do homem, a sua condição biológica, a esfera das relações produtivas, a esfera sociocultural e a esfera das relações de poder, provocando-lhe não só limitações específicas como também fortes enviesamentos ideológicos.

Desse modo, quando se buscam os fundamentos do agir, a consciência reflexiva praticada pela filosofia, além de reconhecer o legado de sua inserção na realidade natural, social e cultural, precisa equacionar ainda a força de alienação que possui essa realidade, bem como denunciar e desmascarar o caráter ideológico de toda produção da subjetividade humana.

Esclarecendo alguns conceitos

Moral: é o conjunto de prescrições vigentes numa determinada sociedade e consideradas como critérios válidos para a orientação do agir de todos os membros dessa sociedade.

A ação humana, do ponto de vista da moral, é fundada em *valores,* ou seja, princípios expressos mediante juízos apreciativos que são vivenciados por uma sensibilidade da consciência subjetiva dos indivíduos e que são concretizados objetivamente em normas práticas de ação e em costumes culturais no seio das sociedades.

Ética: é a área da filosofia que investiga os problemas colocados pelo agir humano enquanto relacionado com valores morais. Busca assim discutir e fundamentar os juízos de valor a que se referem as ações quando neles fundam seus objetivos, critérios e fins.

É bom atentar para o fato de que em nosso meio, muitas vezes, os termos ética e moral são tomados como sinônimos, tanto para designar as prescrições vigentes como para designar a disciplina que estuda os valores implicados na ação. Só o contexto pode dizer em que sentido os termos estão sendo usados.

Questões para pesquisa e discussão

• Como se coloca, nas condições atuais, a questão da moralidade?

• Até que ponto se pode falar que o homem é um ser livre, que é dotado de liberdade e autonomia, sendo responsável por seu agir, frente a tantos condicionamentos de sua ação?

• Correlacione as posturas ética, técnica e política.

Leitura complementar

No texto que se segue, o filósofo personalista Emmanuel Mounier nos fala sobre o sentido da ação, tal qual é vista pela reflexão filosófica contemporânea. Encontram-se nela envolvidas diversas dimensões que precisam ser sempre conjuntamente consideradas. O discurso filosófico do personalismo é debitário de uma perspectiva fenomenológico-existencialista, o que dá conta do estilo da reflexão do autor.

Emmanuel Mounier nasceu em Grenoble, na França, em 1905, tendo falecido em 1950. Estudou Filosofia em Grenoble e em Paris, abandonando a carreira acadêmica para se dedicar a um movimento de jovens intelectuais que se propunham discutir a crise da civilização ocidental do século XX e encontrar novos caminhos para a mesma. Formou então um grupo em torno da Revista *Esprit,* porta-voz do movimento, cujas posições filosóficas constituíram a vertente personalista da filosofia contemporânea. O personalismo é uma orientação filosófica cuja temática principal é a existência da pessoa humana. Influenciado pelo neotomismo, pelo cristianismo, pelo marxismo e pelo existencialismo, Mounier procura superar o dualismo da filosofia clássica na concepção do homem.

Além de liderar o movimento Esprit, que tem muita influência no seu momento histórico, Mounier escreveu vários livros, dentre os quais se destacam: *Revolução personalista e comunitária* (1935); *Manifesto a serviço do personalismo* (1936); *O afrontamento cristão* (1945); *Introdução aos existencialismos* (1946); *Liberdade sob condições* (1946); *Tratado do caráter* (1946); *O que é personalismo* (1948); *Sombras de medo sobre o século XX* (1948); *A esperança dos desesperados* (1953).

"*As quatro dimensões da ação* — Que exigiremos da ação? Que modifique a realidade exterior, que nos forme, que nos aproxime dos homens, que enriqueça o nosso universo de valores. Para sermos exatos, exigimos de qualquer ação que corresponda mais ou menos a essas quatro exigências, porque é todo o homem que em nós se debruça para beber em cada um dos nossos atos. Há, no entanto, formas de ação que priorizam uma, as outras atuando apenas como acordes. Vamos reencontrar aqui uma distinção clássica.

1. No *fazer (poiein)* a ação tem por principal fim dominar e organizar uma matéria exterior. Chamá-la-emos *econômica:* ação do homem sobre as coisas, ação do homem sobre o homem no plano das forças naturais ou produtivas, está presente sempre que o homem, até mesmo em problemas de cultura ou religião, desmonta, ilumina ou engrena determinismos. E o domínio da ciência aplicada aos assuntos humanos, da *indústria* no sentido mais amplo do termo. Tem o seu fim e o seu critério próprio na *eficácia*. Mas o homem não se satisfaz em fabricar e em organizar, se não encontrar em tais operações a sua dignidade, a fraternidade dos seus companheiros de trabalho, alguma elevação para além da utilidade: até mesmo só produz bem nessas condições, como demonstra a psicotécnica. O economista que ignora esses fatos aproxima-se do tecnocrata que considera as relações humanas como se não fossem mais do que leis objetivas relacionadas a coisas. A economia não pode dar resposta definitiva aos seus problemas, senão na esfera do *político,* que o articula à ética. Se o economista resiste em aceitar este vínculo, é apenas porque sob o nome

de política se introduz muitas vezes no rigor dos seus problemas a opinião, a intriga ou o *a priori* ideológico, enquanto o político devia juntar o rigor da ética ao rigor técnico. É nesse nível que se deve personalizar o econômico e a institucionalizar o pessoal. Eis por que o apoliticismo que foge desta zona vital da ação, quer para a pura técnica, quer para a pura meditação, ou unicamente para uma formação interior, é na imensa maioria dos casos uma deserção espiritual.

2. Vista sob o ângulo do *agir (prattein)*, a ação não tem como principal fim a construção de uma obra exterior, mas a formação do agente, a sua capacidade, as suas virtudes, a sua unidade pessoal. Esta zona da *ação ética* tem seu fim e sua medida na *autenticidade*, ponto fortemente acentuado pelos pensadores existencialistas: aqui importa menos o que o agente faz do que como ele é feito e o em que ele se transforma, ao fazer isso. A escolha ética não deixa, contudo, de afetar a ordem econômica. Foi porque aspiravam a uma forma de sabedoria equilibrada e contemplativa que apreciava pouco o poder e desprezava a matéria, que os gregos não desenvolveram uma civilização técnica para que os seus primeiros artífices se tinham demonstrado tão capacitados. Os bairros de um mundo individualista não se assemelham a uma aldeia cristã, nem a uma cidade coletiva, mesmo quando construídos nos mesmos lugares. E pôde ser demonstrado que as religiões formam tanto, senão mais que as condições materiais, as paisagens e as casas.

Estas noções esclarecem o problema, tantas vezes mal colocado, dos fins e dos meios. Se fosse possível ao homem agir sobre uma escala de meios puramente técnicos, o meio estaria então tão estreitamente ligado ao fim que entre eles nenhuma divergência seria possível. Numa tal escala, a eficácia dirige; todo o meio que triunfa é bom e é bom porque triunfa. Ela regula o aspecto técnico dos problemas, e as suas exigências devem ser lembradas a todos os que têm a nostalgia da derrota, aos espíritos confusos que, a pretexto de moralizar a ação, a afogam sob vagas intenções. Ora, nunca relações entre pessoas se podem estabelecer num plano puramente técnico. Desde que o homem se faz presente, tudo se contamina por ele. Age até pela qualidade de sua presença. Os próprios meios materiais tornam-se meios humanos, vivem nos homens, por eles modificados e modificando-os, ao mesmo tempo que integram essa intenção num processo total. Se os meios aviltam aquele que age, comprometerão a curto ou a longo prazo, o resultado. É por isso que a ética de uma revolução ou de um regime é, do ponto de vista dos seus resultados, tão importante quanto os cálculos de força.

Receemos a esperança saint-simoniana e tecnocrática de uma substituição de governo das relações humanas pela administração das coisas. Se isso fosse possível, cedo o homem seria num tal mundo tratado como uma coisa. Técnica e ética são os dois pólos da inseparável cooperação da *presença* e da *operação* num ser que não age senão em proporção com o que é, e que não é senão na medida em que se faz.

3. *Teorein,* diziam os gregos para designar este aspecto da nossa atividade que explora os valores e se enriquece ao estender o seu reino sobre a humanidade. Se conservarmos a tradução clássica de *ação contemplativa* temos contudo que precisar imediatamente que essa contemplação, para nós, não depende apenas da inteligência, mas do homem inteiro, não é fuga da atividade comum para uma atividade escolhida e separada, mas aspiração a um reino de valores que abranja e desenvolva toda a atividade humana. O seu fim é *perfeição* e *universalidade,* mas mediante uma obra finita e uma ação singular.

A atividade contemplativa é desinteressada, no sentido de que não visa diretamente a organização das relações exteriores entre as coisas e entre os homens. Não o é no sentido de que permaneceria indiferentemente a essas relações, sem ação sobre elas e sem ação da parte delas. Como toda a atividade humana, recebe a sua primeira marca dos condicionamentos naturais; a prática monástica é feudal com os beneditinos, colegial com os dominicanos, miliciana com os jesuítas, porque os tempos assim o quiseram. Ação contemplativa age, por sua sua vez, em todo o plano da prática, de duas maneiras.

Antes de mais indiretamente, de um modo um pouco vago e como que por superabundância. Foram as mais elevadas e menos utilitárias especulações matemáticas que conduziram simultaneamente às mais fecundas e mais imprevistas aplicações (dos cálculos astronômicos às navegações, dos debates sobre a estrutura do átomo à energia atômica etc.). Dois séculos de disputas teológicas para assegurar a Encarnação de Cristo em toda a sua plenitude fizeram das civilizações cristãs as únicas civilizações ativas e industriosas. Podemos falar aqui de *indução contemplativa.* Esta experiência deve impedir-nos de declarar inútil aprioristicamente qualquer atividade de que não vejamos utilidade imediata.

O contemplativo, embora guardando como principal preocupação a exploração e a integral experiência de valores, pode ter também diretamente em vista transformações da prática. Diremos então que a sua ação é do tipo *profético.* A ação profética assegura a ligação entre o contemplativo e o prático (ético + econômico), como a ação política entre o ético e o econômico. Cabe-lhe, por exemplo, afirmar em todo o seu rigor, pela palavra, por escritos ou por gestos, a existência de um absoluto cujo sentido se perde dia a dia sob o peso de tantos compromissos: são as *Provinciais* ou o *J'accuse,* é a obediência de Abraão, o protesto do objetor de consciência, as greves da fome de Gandhi. Podemos até falar de *instituições proféticas;* elas têm o seu sentido como testemunhos de um mundo futuro, perdem-no quando se apresentam como células de uma organização que delas saísse por justaposição (falanges, comunidades Boismondeau etc.). O gesto profético pode ser "desesperado" (no plano técnico), pode estar certo do imediato fracasso, pode não obedecer senão ao irresistível impulso de dar testemunho absoluto e de forma absolutamente desinteressada. Mas, por outro lado, acreditar que ele é sempre desesperado e mais não pretende do que vã afirmação, é confundir a espécie com o gênero. Transformar em virtude o insucesso e a ineficácia, substituir à rigorosa modéstia das responsabilidades uma espécie de mórbida aspiração ao martírio é sintoma, na maioria dos casos, mais de desvitalização do que de espiritualidade. O ato profético pode ser também acompanhado por uma consciente intenção de exercer pressão sobre uma dada situação, embora por meios que provêm mais da fé na eficácia transcendente do absoluto do que do recurso à eficácia técnica. Às vezes, mesmo o profeta ultrapassa toda a espessura da ação e de testemunha, se transforma num agente técnico: Joana d'Arc começou por dar testemunho das suas vozes, depois assumiu o comando dos exércitos. No entanto, se o profeta não despreza a eficácia (e por isso difere do emigrante espiritual), não *avalia* a eficácia como o político, e projetando na sua frente a força invisível da sua fé, seguro de antemão de que se não atingir algum resultado imediato, conseguirá pelo menos manter a força viva do homem no único plano no qual poderão ocorrer algum dia as rupturas da história.

4. Não precisamos voltar à dimensão coletiva da ação. Comunidade de trabalho, comunidade de destino ou comunhão espiritual são indispensáveis à sua humanização integral. É o fato de ter oferecido, mais ou menos juntas, estas condições àqueles que não as encontravam no ambiente de suas vidas e de seu país, que o fascismo e o comunismo devem grande parte de sua sedução. Não é com os clamores dos desesperançados solitários que hoje se poderá despertar uma ação esgotada pelo desespero."

MOUNIER, E. *Le Personalisme*. Oeuvres, III. Paris, Seuil, 1962. (Trad. A. J. Severino.)

Capítulo 14

As preocupações temáticas das tendências atuais da filosofia

O objetivo deste último capítulo, destinado a pôr um fecho nesta trajetória de reflexão filosófica, é mostrar aos alunos de 2º grau que essa reflexão não é apenas um rescaldo do passado. A filosofia continua uma prática viva e efervescente, expressando-se de diferentes formas e sob várias orientações e tendências. Embora não se aprofundando nenhuma dessas tendências, pretende-se formar um quadro mínimo de referências e de informações sobre a filosofia contemporânea, que continua desenvolvendo um esforço de compreensão e de significação da realidade humana na sua realização nesse momento histórico da contemporaneidade. Estaremos explicitando as principais correntes da filosofia que mantêm presente a reflexão filosófica nesta segunda metade do século XX, destacando as temáticas que constituem seu objeto central de investigação. Sem dúvida, todos os temas clássicos da filosofia continuam sendo retomados, embora alguns venham merecendo maior destaque no interior das grandes tendências filosóficas.

A ciência: única forma de saber válido?

A cultura contemporânea continua profundamente marcada pela ciência, instaurada na era moderna e considerada ainda por muitos como a sua instância fundamental. De fato, como vimos no capítulo 13, a ciência impregnou todos os setores da existência humana e seu impacto sobre a filosofia não poderia deixar de ser muito forte. Assim, não é sem razão que ela esteja presente entre as preocupações de quase todas as correntes filosóficas da atualidade, chegando mesmo a ser o único objeto de algumas tendências.

Com efeito, para as *tendências neopositivistas*, a ciência é a única forma válida de conhecimento do real. É que o conhecimento verdadeiro só pode ser aquele constituído de enunciados empiricamente verificáveis. Só se pode falar validamente referindo-se à experiência sensível, empírica. E isto só é feito pela ciência. A filosofia, no seu sentido tradicional, não procede, porque seus conteúdos não se referem à experiência. A única tarefa que sobraria então para a filosofia é a de proceder à análise lógica da linguagem praticada pelas ciências, ou mesmo da linguagem em geral. Este trabalho lógico desenvolvido pela filosofia visa eliminar da ciência qualquer traço metafísico, criando-se uma linguagem científica rigorosa, onde não haja lugar para pseudoproblemas. Os enunciados teológicos, metafísicos, éticos e políticos não são empiricamente verificáveis, não podendo, pois, ser considerados conhecimentos verdadeiros. Pensadores como Wittgenstein, Russell, Popper, Carnap, Ayer, Moore, Quine, dentre outros, assumem posição neopositivistas.

Mas a ciência é ainda preocupação explícita de outro importante veio de filósofos contemporâneos, vinculados a diferentes tendências. Só que, ao contrário dos neopositivistas, estes pensadores não buscam estabelecer uma linguagem rigorosa para a ciência. Reconhecem a sua relevância e autonomia, mas entendem que ela não pode ser considerada isoladamente das outras formas de saber e das demais atividades humanas. Compartilham das preocupações epistemológicas relacionadas às condições de possibilidade do conhecimento científico, mas julgam que uma filosofia da ciência envolve necessariamente considerações de ordem axiológica, uma vez que a ciência é uma atividade humana intimamente vinculada ao processo histórico-social. Entre outras questões discutem os riscos da ideologização presentes na atividade científica.

Podemos designar essas correntes como *transpositivistas*, já que mantêm a concepção de que a ciência é a forma mais válida do conhecimento (com o que reafirmam a tradição positivista); mas, por outro lado, pretendem ir além do positivismo, questionando a pretensão da objetividade e da neutralidade absoluta da ciência.

Embora essa problemática da ciência, colocada sob esta perspectiva, preocupe filósofos vinculados às correntes *dialéticas* e *fenomenológicas,* a tendência que estamos considerando como especificamente transpositivista é representada por pensadores como Piaget, Bachelard, Kuhn, Feyerabend e outros que se propõem, até certo ponto, a fazer uma revisão do racionalismo iluminista praticado no âmbito do cientificismo positivista.

Um novo fundamento metodológico para o conhecimento?

A tentativa de constituir uma teoria do conhecimento, num sentido mais amplo do que aquele posto em prática pela ciência ou pela metafísica, é desenvolvida por pensadores vinculados à *fenomenologia*. Sua problemática fundamental se concentra em torno da relação do sujeito ao objeto no processo do conhecimento, da relação da consciência ao mundo. Posicionando-se contra as pretensões tanto do positivismo quanto do idealismo, os fenomenólogos entendem que o conhecimento se dá por um compromisso entre um pólo subjetivo e um pólo objetivo, já que não haveria nenhum sentido falar de um objeto a não ser por referência a um sujeito, nem falar de um sujeito fora de uma relação a um objeto.

A fenomenologia se apresenta então como uma nova metodologia para o conhecimento que possa lhe garantir alguma validade, seja no âmbito da ciência, seja no âmbito da própria filosofia.

Como então atingir o conteúdo das coisas, como chegar até elas mesmas? Se é verdade que o homem não pode pretender chegar de imediato à substância metafísica das coisas, também não pode se ater às impressões fugazes da experiência sensível!

A única via então é descrever os fenômenos tal qual eles são vivenciados pela consciência, numa experiência primeira onde objeto e sujeito se relacionam bipolarmente, implicando-se mutuamente.

A fenomenologia se impõe no cenário filosófico contemporâneo graças aos trabalhos de Husserl, se desenvolvendo em seguida através do trabalho de Max Scheler e de Merleau-Ponty. Vai se constituir fundamento epistemológico de todos os pensadores existencialistas — de modo particular, Heidegger e Sartre.

O sentido da existência humana, questão crucial?

Já outras numerosas tendências da filosofia contemporânea privilegiam a temática do existir humano: querem construir novas antropologias. Os filósofos ligados a essas tendências não se satisfazem com os modelos clássicos e modernos, julgados insuficientes para dar conta da multíplice experiência existencial do homem.

Esses filósofos se preocupam menos com aspectos lógicos e episte-mológicos: privilegiam as questões ético-antropológicas. Querem compreen-der o sentido da existência humana e do agir do homem, tentando superar uma visão puramente abstrata de seu ser, buscando incluir nesse sentido todos os complexos aspectos da realidade histórica dessa existência.

A temática do sentido da existência pessoal se coloca explicitamente nas filosofias contemporâneas que podem ser classificadas como *neo-humanismos:* dentre eles se destaca o existencialismo, o personalismo, o vitalismo e a arqueogenealogia.

O *existencialismo,* que se apóia metodologicamente na fenomenologia, procura desenvolver uma hermenêutica da existência. Enfatiza a condição do homem como ser consciente e livre, com grande responsabilidade sobre seu "destino" pessoal, apesar de sua congênita contingência decorrente de sua insuperável facticidade. Assim, a liberdade é a categoria fundamental da filosofia existencialista. Partindo de Kierkegaard, o existencialismo se afirmou com Heidegger, Sartre, Marcel, Jaspers, Nédoncelle e Buber.

O *personalismo*, expresso sobretudo pelo pensamento de Mounier, Lacroix, Berdiaeff e Landsberg, é uma filosofia bem próxima do existencialismo, dando contudo mais ênfase à dimensão práxico-política da existência humana, posição que o aproxima do marxismo.

O *vitalismo* destaca o caráter evolutivo da existência humana. Ela é pensada por esses filósofos como sendo atravessada por uma força vital que a faz avançar sempre para estágios de maior perfeição. Privilegiam assim a temporalidade histórica e a concretude da vida. Destacam-se como representantes dessa corrente: Teilhard de Chardin, Bergson, Ortega y Gasset.

A busca de um novo sentido para a existência pessoal se encontra também num grupo autônomo de filósofos que se esforçam por compreen-dê-la fora dos parâmetros da racionalidade iluminista da filosofia moderna. Querem até mesmo avançar rumo a uma pós-modernidade. Inspirando-se em Nietzsche e Freud, denunciam o caráter opressor da filosofia iluminista, da ciência, da tecnologia e da própria religião. São os filósofos que agru-pamos na tendência por nós designada como *arqueogenealogia*: buscam nas profundidades do inconsciente humano poderosas forças latentes que nele se encontram soterradas. São as potências desejantes que respondem, arcaicamente, pela expressão do modo de ser humano. Não é o *cogito* consciente e reflexivo, nem o organismo biológico, nem o sujeito político que constituem o especificamente humano. A nova antropologia deve ser feita com base numa economia geral do desejo. Impõe-se a construção de uma nova subjetividade que não mais se confunda com a pura racionalidade.

Mas comunicação, linguagem e cultura aparecem igualmente como temáticas privilegiadas nas correntes fenomenológicas. Aí a linguagem é vista como mediação simbólica pela qual se torna possível a intersubjetividade. Uma das tarefas da filosofia é então proceder a uma hermenêutica. Essa análise da linguagem, enquanto mediação comunicativa, subsidia, por sua vez, a compreensão filosófica da própria existência humana.

A tendência arqueogenealógica se expressa nos pensamentos de Foucault, Lacan, Deleuze, Guattari, Maffesoli, Baudrillard, Lyotard, entre outros. Foram influenciados sobretudo por Nietzsche e Freud, mas incorporam subsídios da Escola de Frankfurt, do estruturalismo, do existencialismo e do próprio marxismo.

A práxis e a história

Já outros pensadores refletem sobre a existência dos homens numa perspectiva mais política, ou seja, na sua dimensão histórico-social. Sua preocupação maior está na decifração do sentido da vida em sociedade, abordando a questão do poder político vigente entre os homens.

Para tanto discutem as condições econômicas, políticas, sociais, históricas e culturais dessa existência. Mas não se trata apenas de um trabalho de mera interpretação: querem sobretudo avançar propostas de transformação da realidade histórico-social em que vivem os homens. Trata-se de uma *filosofia da práxis*, destinada a entender as articulações da existência coletiva dos homens para mudá-la, aprimorando-a, libertando-a de todas as formas de alienação e de opressão.

Em função desse objetivo, esses filósofos da práxis vão privilegiar temas como a história, a sociedade, o trabalho, a produção, a organização econômica, a revolução, o Estado, o poder e a política.

A tendência matriz que privilegia a práxis e a história é aquela vinculada à *dialética marxista*, elaborada por Marx e Engels a partir da contribuição metodológica do pensamento de Hegel. A realidade social vai se transformando historicamente em decorrência da permanente luta de contrários que a atinge pelo interior, a *força da contradição*. Mas a ação social dos homens é imprescindível para tornar fecunda essa força transformadora.

A filosofia marxista teve ainda muitos outros representantes teóricos, destacando-se, dentre eles, Lenin, Mao-Tsé-Tung, Lukács, Schaff, Goldmann, Althusser, Poulantzas e Gramsci.

Além desses, um outro grupo de pensadores deve ser aproximado dessa tendência, embora sofrendo outras influências. É o grupo ligado à assim chamada *Escola de Frankfurt*: Adorno, Horkheimer, Marcuse, Benjamin e Habermas, que praticam uma *dialética negativa* por serem mais céticos quanto ao poder transformador da práxis humana.

A linguagem, a comunicação e a cultura...

Por se tratar do sistema simbólico fundamental da comunicação humana, a linguagem tem merecido especial interesse da filosofia contemporânea. É verdade que é abordada sob enfoques diferentes pelas várias tendências...

Já vimos que a linguagem é uma das preocupações das tendências neopositivistas: só que do ponto de vista de seus aspectos lógico-formais. Já no *estruturalismo*, o que importa é o seu caráter sistêmico: seus elementos, suas relações, sua totalidade. Encara a língua como sistema de significantes, estruturados independentemente dos significados. Estes é que são constituídos pela relação recíproca daqueles... A lógica da constituição do sistema dos significantes é anterior ao pensamento do homem. Por isso, os estruturalistas chegam a afirmar que não é o homem que fala, mas é a língua que fala no homem...

O estruturalismo entende que sua metodologia de análise lingüística se aplica também às ciências humanas, uma vez que a cultura, todas as formas de expressão da vida social, se organizam sob a forma de sistemas estruturados, sempre de acordo com certas regras de ordenação e de transformação. Pode-se então tentar compreender a totalidade cultural mediante uma leitura semiológica de sua expressão simbólica.

* * *

Sugestão de atividade

A temática deste capítulo, dada sua característica de visão panorâmica das tendências da filosofia contemporânea, permite o desenvolvimento, por parte dos alunos, de uma variada investigação sobre as mesmas, o que poderá ensejar um interessante exercício de trabalho em equipe. O professor fornecerá um roteiro para essa pesquisa, de modo a que a abordagem a ser feita não ultrapasse as possibilidades do aluno de 2º grau. Ajudaria igualmente na identificação das fontes acessíveis.

O trabalho sugerido poderá ainda versar sobre os filósofos mais destacados, sobre um determinado tema representativo de um autor ou de uma tendência (exemplo: o tema da morte em Sartre ou a liberdade no existencialismo), ou ainda comparando-se as posições de alguns autores ou tendências a respeito de um mesmo tema.

Os resultados desses trabalhos poderiam ser apresentados sob a forma de painéis, durante algumas das últimas aulas do período letivo da disciplina.

Bibliografia

1. A indicação de uma bibliografia complementar especializada para a utilização num curso de Filosofia no 2º grau poderia ser feita sob vários enfoques, dependendo da opção de trabalho feita pelo professor para o desenvolvimento de seu programa.

Uma forma seria a seleção de *textos dos filósofos clássicos*, ampliando assim as sugestões de leituras complementares que foram feitas no decorrer deste livro. Nesse caso, cabe recorrer aos textos originais, aprofundando o pensamento dos autores.

Outra opção seria aprofundar temas mais especializados, caso em que o professor deverá se utilizar de *trabalhos temáticos*, de natureza mais monográfica, filosóficos ou mesmo científicos.

Outro caminho que o professor pode seguir é o de recorrer a *textos literários* para o levantamento de problematizações do interesse do alunado jovem; igualmente é possível utilizar *artigos de jornais* ou de *revistas de divulgação* para envolver os jovens em discussões atuais, complementando assim a programação desenvolvida na classe.

2. A bibliografia que se segue não atende a essas alternativas. Trata-se tão-somente de uma *bibliografia geral de apoio* aos professores e alunos, na esfera de uma introdução à filosofia, sendo constituída de textos disponíveis em nosso contexto, didaticamente acessíveis, e que abordam a atividade filosófica de uma maneira abrangente, tanto no que diz respeito às informações históricas como no que se refere ao fornecimento de referências teóricas. São livros que desenvolvem esquemas até certo ponto análogos ao que adotei em meu livro, guiado igualmente por preocupações didáticas, sem prejuízo das diferenças de orientação teórica e de abordagem metodológica. As obras de referência geral foram indicadas no corpo do livro.

ALVES, Rubem A. *Filosofia da ciência*: introdução ao jogo e suas regras. 2. ed. São Paulo, Brasiliense, 1982.

ARANHA, M. L. e Martins, M. H. *Filosofando*. São Paulo, Moderna, 1987.

BOCHENSKI, I. M. *Diretrizes do pensamento filosófico*. São Paulo, Herder, 1961.

BORNHEIM, Gerd A. *Introdução ao filosofar*; o pensamento filosófico em bases existenciais. Porto Alegre, Globo, 1970.

CHARBONNEAU, Paul E. *Curso de filosofia*; lógica e metodologia. São Paulo, EPU, 1986.

CHAUI, Marilena. *O que é ideologia*. 2. ed. São Paulo, Brasiliense, 1981.

CHAUI, Marilena et alii. *Primeira filosofia*; lições introdutórias 6. ed. São Paulo, Brasiliense, 1986.

COELHO NETTO, José T. *O que é indústria cultural*. São Paulo, Brasiliense, 1980.

CORBISIER, Roland C. *Enciclopédia filosófica*. Rio de Janeiro, Civilização Brasileira, 1975.

_____. *Introdução à filosofia*. Rio de Janeiro, Civilização Brasileira, 1983.

FOULQUIÈ, Paul. *A dialética*. 2. ed. Lisboa, Brasil-América, 1974.

GILES, Thomas R. *O que é filosofar*. São Paulo, EPU, 1984.

_____. *Introdução à filosofia*. São Paulo, EPU, 1979.

GIRARDI, Leopoldo J. e QUADROS, Odone J. *Filosofia*. 8. ed. Porto Alegre, Livraria Editora Acadêmica, 1980.

HUHNE, Leda M. *Profetas da modernidade*. Rio de Janeiro, Sofia/SEAF, 1986.

HUISMAN, D. e VERGEZ, A. *Curso moderno de Filosofia*. 2 vols. I. Introdução à filosofia das ciências; II. O conhecimento. Rio de Janeiro, Freitas Bastos, 1974.

_____. *História dos filósofos ilustrada pelos textos*. 2. ed. Rio de Janeiro, Freitas Bastos, 1972.

KONDER, Leandro. *O que é dialética*. São Paulo, Brasiliense, 1981.

LEBRUN, Gerard. *O que é poder*. São Paulo, Brasiliense, 1981.

MARTINS, José S. *Preparação à filosofia*. Porto Alegre, Globo, 1973.

MORENTE, Manoel G. *Fundamentos de filosofia*; lições preliminares. 2. ed. São Paulo, Mestre Jou, 1966.

NIELSEN NETO, Henrique. *Filosofia básica*. 3. ed. São Paulo, Atual, 1986.

PRADO JR., Caio. *Introdução à lógica dialética*. 4. ed. São Paulo, Brasiliense, 1974.

_____. *O que é filosofia*. 3. ed. São Paulo, Brasiliense, 1983.

REALE, Miguel. *Introdução à filosofia*. 2. ed. São Paulo, Saraiva, 1988.

RIBEIRO JR., João. *O que é positivismo*. 2. ed. São Paulo, Brasiliense, 1982.

RODRIGUES, Neidson. *Filosofia... para não filósofos*. São Paulo, Cortez, 1989.

SILVA, Antônio R. (org). *Curso de filosofia*. Rio de Janeiro, Jorge Zahar, 1986.

ANTÔNIO JOAQUIM SEVERINO — Natural de Carmo do Rio Claro, de Minas Gerais, é bacharel e mestre em Filosofia pela Universidade Católica de Louvain, Bélgica (1964); doutorou-se em Filosofia na PUC de São Paulo (1971).

A essa Universidade esteve ligado de 1966 a 1988, tendo exercido aí as funções de professor de Filosofia e de Filosofia da Educação, nos cursos de graduação em Filosofia e de Licenciatura; de Metodologia do Trabalho Científico e de Filosofia da Educação, nos cursos de Pós-graduação em Filosofia da Educação e em Supervisão e Currículo. Foi coordenador desses programas, diretor do Centro de Educação (1976-1980), vice-reitor acadêmico (1980-1984), vice-presidente da Comissão Geral de Pós-Graduação (1986-1988). Lecionou Filosofia da Educação também em outras instituições de ensino superior, em cursos de graduação (Unicamp, Unimep, PUCamp, Moema, FAI). Foi membro do Conselho Estadual de Educação, de 1983 a 1987, atuando junto às Câmaras de 2º e 3º graus. Nos últimos anos tem prestado assessoria à equipe de Filosofia da CENP, da Secretaria de Estado da Educação. Desde 1988 é professor de Filosofia da Educação da Faculdade de Educação da USP, lecionando no curso de Pedagogia e no Pós-graduação.

Especializado em Filosofia e Filosofia da Educação, vem desenvolvendo, além de suas atividades docentes, estudos e pesquisas nessas áreas, com especial enfoque sobre o pensamento filosófico e sobre a educação no Brasil.

Foto: Adriana Rodríguez

Publicou, dentre outros, os seguintes trabalhos: *Pessoa e existência*; iniciação ao personalismo de Emmanuel Mounier (Cortez Editora, tese de doutorado); *Metodologia do trabalho científico* (17ª ed., Cortez Editora, 1990); *Métodos de estudo para o 2º grau* (3ª ed., Cortez Editora, 1990); *Educação, ideologia e contra-ideologia* (2ª ed., EPU, 1988); *A filosofia no Brasil* (Rio de Janeiro, ANPOF, 1990); O papel da filosofia no Brasil: compromissos e desafios (*Reflexão*, nº 17, Campinas); A questão da autenticidade da filosofia no Brasil (*Reflexão*, nº 1); A contribuição da filosofia para a educação (*Em Aberto*, nº 45, INEP, 1991).

EPARMA

Impresso nas oficinas da
EDITORA PARMA LTDA.
Telefone: (011) 6462-4000
Av. Antonio Bardella, 280
Guarulhos – São Paulo – Brasil
Com filmes fornecidos pelo editor

ANTÔNIO JOAQUIM SEVERINO — Natural de Carmo do Rio Claro, sul de Minas Gerais, é bacharel e mestre em Filosofia pela Universidade Católica de Louvain, Bélgica (1964); doutorou-se em Filosofia na PUC de São Paulo (1971).

A essa Universidade esteve ligado de 1966 a 1988, tendo exercido aí as funções de professor de Filosofia e de Filosofia da Educação, nos cursos de graduação em Filosofia e de Licenciatura; de Metodologia do Trabalho Científico e de Filosofia da Educação, nos cursos de Pós-graduação em Filosofia da Educação e em Supervisão e Currículo. Foi coordenador desses programas, diretor do Centro de Educação (1976-1980), vice-reitor acadêmico (1980-1984), vice-presidente da Comissão Geral de Pós-Graduação (1986-1988). Lecionou Filosofia da Educação também em outras instituições de ensino superior, em cursos de graduação (Unicamp, Unimep, PUCamp, Moema, FAI). Foi membro do Conselho Estadual de Educação, de 1983 a 1987, atuando junto às Câmaras de 2º e 3º graus. Nos últimos anos tem prestado assessoria à equipe de Filosofia da CENP, da Secretaria de Estado da Educação. Desde 1988 é professor de Filosofia da Educação da Faculdade de Educação da USP, lecionando no curso de Pedagogia e no Pós-graduação.

Especializado em Filosofia e Filosofia da Educação, vem desenvolvendo, além de suas atividades docentes, estudos e pesquisas nessas áreas, com especial enfoque sobre o pensamento filosófico e sobre a educação no Brasil.

Foto: Adriana Rodriguez

Publicou, dentre outros, os seguintes trabalhos: *Pessoa e existência*; iniciação ao personalismo de Emmanuel Mounier (Cortez Editora, tese de doutorado); *Metodologia do trabalho científico* (17ª ed., Cortez Editora, 1990); *Métodos de estudo para o 2º grau* (3ª ed., Cortez Editora, 1990); *Educação, ideologia e contra-ideologia* (2ª ed., EPU, 1988); *A filosofia no Brasil* (Rio de Janeiro, ANPOF, 1990); O papel da filosofia no Brasil: compromissos e desafios (*Reflexão*, nº 17, Campinas); A questão da autenticidade da filosofia no Brasil (*Reflexão*, nº 1); A contribuição da filosofia para a educação (*Em Aberto*, nº 45, INEP, 1991).

Impresso nas oficinas da
EDITORA PARMA LTDA.
Telefone: (011) 6462-4000
Av. Antonio Bardella, 280
Guarulhos – São Paulo – Brasil
Com filmes fornecidos pelo editor